LITURGIA
e ECLESIOLOGIA

Washington Paranhos, SJ (Org.)

LITURGIA e ECLESIOLOGIA

Fragilidade e força da Igreja que celebra

Paulinas

Realização:
Faculdade Jesuíta de Filosofia e Teologia
JESUÍTAS BRASIL

Apoio:
CAPES

Dados Internacionais de Catalogação na Publicação (CIP)
Angélica Ilacqua CRB-8/7057

Liturgia e eclesiologia : fragilidade e força da Igreja que celebra / organizado por Washington Paranhos. - São Paulo : Paulinas, 2022.
200 p. (Coleção Faculdade Jesuíta)

ISBN 978-65-5808-148-7

1. Igreja católica - Liturgia 2. Igreja Católica - Doutrinas 3. Eclesiologia I. Paranhos, Washington II. Série

22-1492 CDD 264

Índice para catálogo sistemático:
1. Igreja católica - Liturgia

1ª edição – 2022

Direção-geral: *Flávia Reginatto*
Editora responsável: *Marina Mendonça*
Copidesque: *Mônica Elaine G. S. da Costa*
Revisão: *Equipe Paulinas*
Gerente de produção: *Felício Calegaro Neto*
Capa e projeto gráfico: *Tiago Filu*
Imagem de capa: *depositphotos.com*
Marko Ivan Rupnik – foto de Sedmak

Paulinas

Rua Dona Inácia Uchoa, 62
04110-020 – São Paulo – SP (Brasil)
Tel.: (11) 2125-3500
http://www.paulinas.com.br – editora@paulinas.com.br
Telemarketing e SAC: 0800-7010081

Sumário

Lista de siglas

AL	América Latina
ASLI	Associação dos Liturgistas do Brasil
CDC	Código de Direito Canônico
CEI	Congresso Eucarístico Internacional
CELAM	Conselho Episcopal Latino-Americano
CNBB	Conferência Nacional dos Bispos do Brasil
DH	Declaração *Dignitatis Humanae*: sobre a liberdade religiosa
DV	Constituição Dogmática *Dei Verbum*: sobre a revelação divina
EA	Exortação Apostólica Pós-Sinodal *Ecclesia in America*: sobre o encontro com Jesus Cristo vivo
EG	Exortação Apostólica *Evangelii Gaudium*: sobre o anúncio do Evangelho no mundo atual
FAJE	Faculdade Jesuíta de Filosofia e Teologia
GeV	*Gelasianum Vetus*
IGMR	Instrução Geral do Missal Romano
LG	Constituição Dogmática *Lumen Gentium*: sobre a Igreja
ML	Movimento Litúrgico
PPG	Programa de Pós-Graduação
PR	Pontifical Romano
PRG	Pontifical Romano Germânico

PROEX	Programa de Excelência Acadêmica
RDIA	Rito e Ritual da Dedicação de Igreja e Altar
SC	Constituição Conciliar *Sacrosanctum Concilium*: sobre a Sagrada Liturgia
SE	*Sacramentário de Angoulême*
UNICAP	Universidade Católica de Pernambuco

Apresentação

O Movimento Litúrgico redescobriu a liturgia, não a partir de uma concepção rubricista, histórico-arqueológica ou jurídica, mas sim de seu sentido teológico.[1] Tal impostação da liturgia levava consigo a delineação de uma nova concepção também de Igreja, um conceito propriamente teológico, considerada como *Corpus Christi mysticum*.[2]

Essa visão da liturgia, acompanhada de uma concepção e aprofundamento da realidade do sacerdócio universal dos fiéis e do caráter social da Eucaristia, foi para muitos a descoberta de uma imensa realidade espiritual.

A renovação litúrgica contribuiu para fazer surgir uma clara e reflexa consciência da íntima realidade da Igreja, que, por sua vez, não seria "sempre atrelada ao comum ensinamento eclesiológico".[3] Em outras palavras, pode-se dizer que a liturgia, redescoberta e vivida como ação do povo de Deus que celebra os mistérios da salvação,

---

1 Cf. NEUNHEUSER, B. O movimento litúrgico: panorama histórico e linhas teológicas. In: NEUNHEUSER, B.; MARSILI, S.; AUGÉ, M.; CIVIL, R. (ed.). *Anàmnesis*, I: a liturgia, momento histórico da salvação. São Paulo: Paulinas, 1987, p. 9-36.

2 Cf. NEUNHEUSER, B. O movimento litúrgico: panorama histórico e linhas teológicas, op. cit., p. 22.

3 BENDISCIOLI, M. L'ora della liturgia: Romano Guardini e il Movimento Liturgico in Germania. *Hildephonsiana* 6 (1964), 489-406p., p. 491-492.

contribuiu para o surgimento de uma consciência eclesial: "Aqueles que antes viviam simplesmente 'na igreja', agora realmente começam a viver 'a Igreja'".[4]

Esse renascimento da reflexão eclesiológica no século XX – que olhava a Igreja não simplesmente como uma autoridade hierárquico-dogmática, mas especialmente como uma realidade mistérico-sacramental – se conectou de modo particular ao Movimento Litúrgico e ao seu desenvolvimento, que culminaria no processo de renovação litúrgica empreendido após o Concílio Vaticano II.

O Concílio Vaticano II trouxe para vários campos da Igreja, especialmente na liturgia, mudanças significativas de paradigma, que podemos considerar como uma espécie de fim da Idade Média litúrgica. Passamos de uma concepção estática a uma concepção dinâmica; verifica-se uma interpretação dialógica dos sacramentos, destacando mais a celebração litúrgica que a administração dos sacramentos, a centralidade da comunidade celebrante e a compreensão dos sacramentos a partir da concepção de mistério da Igreja Antiga.

Verdadeiramente, observa-se uma reviravolta no que diz respeito à eclesiologia precedente, virada que se pode resumir eficazmente com o binômio: "Novidade na continuidade-continuidade na novidade. *Novidade na continuidade*: uma e outra unidas inseparavelmente, de acordo com as leis típicas do desenvolvimento histórico. A história não acontece por saltos; seguindo suas modificações, persistem continuidades profundas, ligamentos subterrâneos".[5] O próprio Paulo VI, no discurso de encerramento do terceiro período do Concílio,

---

4 BENDISCIOLI, M. L'ora della liturgia, op. cit., 389-506p.; p. 492. Taborda afirma essa verdade nestes termos: "Igreja que faz a Eucaristia, 'antes' de fazê-la, a vive" (TABORDA, F. Eucaristia e Igreja. *Perspectiva Teológica* 17, n. 41, p. 29-62, , jan./abr. 1985).

5 FROSINI, G. La chiesa alla scoperta di se stessa. In: GHIDELLI, C. (ed.). *A trent'anni dal Concilio*: memoria e profezia. Roma: Studium, 1995, p. 19-38, aqui p. 20.

sublinhou as inegáveis continuidades do Vaticano II, primeiramente com o Vaticano I, o que poderia ser considerado uma ampliação.[6] *Continuidade na novidade*: o modelo de Igreja que chega ao limiar do Vaticano II descrevia a Igreja por meio de categorias jurídicas e societárias; já no Vaticano II dominam as categorias bíblicas e patrísticas de mistério, sacramento, comunhão. Observa-se uma mudança na linguagem e na concepção teológica.

Nestes tempos de contenção do contágio e de restrições para enfrentar a pandemia da Covid-19, um dos elementos que afetam profundamente a vida de cada fiel e das comunidades cristãs é a impossibilidade, para muitos, de poderem participar da celebração da Eucaristia. Sem ter sido pensado e até mesmo programado, estamos testemunhando uma desafiante novidade em relação à celebração da Eucaristia (uma espécie de transmutação das celebrações). Os pontos sobre os quais a inteligência teológica se sente compelida a não deixar a questão aberta são basicamente dois.[7]

O primeiro é o sentido não apenas objetivo como também naturalmente intersubjetivo e, portanto, eclesial da celebração da Eucaristia, que de certo modo se fragiliza, quando se celebra sem convocar o povo de Deus. É oportuno destacar o risco de que a situação particular criada pela pandemia se transforme em um retrocesso e conduza a sensibilidade e a prática de volta à postura pré-conciliar. O segundo é a modalidade de participação e sua real "sacramentalidade" quanto à opção em *streaming*. Tudo isso nos leva a pensar o risco de retorno ao modelo eclesiológico pré-conciliar e com ele toda a concepção de vida cristã.

---

6 Cf. PAULO VI, Alloc. *Post duos menses tertia ss*: Concilii periodo exacta, sessio V, 21/11/1964, AAS 56 (1964) 1007-1018.

7 Cf. RIVISTA DI PASTORALE LITURGICA, numero speciale (marzo 2020) pubblicato gratuitamente *on-line*.

O Congresso pretendeu apreender um dos conteúdos explícitos do Vaticano II: a relação entre Igreja e liturgia, declinada sobre múltiplas perspectivas, da bíblica à ecumênica, para observar suas implicações e consequências.

O panorama que surge reconduz a atenção ao culto como lugar e momento de expressão da realidade eclesial, povo a caminho da plena realização do Reino de Deus, mediante o anúncio da Palavra de vida, a celebração dos sacramentos e dos sacramentais, nos ritmos do ano litúrgico, e sem descurar a piedade popular como ponto de encontro entre o culto e a cultura.

Tudo isso se situa no horizonte do atual momento, que requer uma compreensão mais profunda do mistério da fé cristã, em constante diálogo com os desafios que a cultura e a sociedade contemporâneas impõem. Igualmente chamam à atenção de quem quer se permitir ser provocado por tal mistério, que implica uma confrontação com o campo teológico e com as disciplinas a ele relacionadas.

Liturgia e eclesiologia não são dois termos que podem ser abordados de qualquer forma, mas indicadores de uma mesma realidade. É a liturgia que manifesta a Igreja e, ao mesmo tempo, é a Igreja que se constrói, cresce e se desenvolve até o seu cumprimento por meio da liturgia.

O Grupo de Pesquisa "A Recepção da Reforma Litúrgica e o Debate Litúrgico-Sacramental Contemporâneo" promoveu, de 14 a 16 de setembro de 2021, o I Congresso Nacional de Liturgia, o qual contou, em sua organização, com a colaboração de instituições como a CNBB, ASLI, Instituto de Liturgia da UNICAP e UNICAP. Devido à crise sanitária da Covid-19, o evento foi realizado em formato remoto, através do canal do YouTube e da Plataforma Teams da FAJE.

O tema do Congresso foi "Liturgia e Eclesiologia" e suas atividades foram articuladas em torno de três eixos, desenvolvidos nas Três Conferências, destinadas ao conjunto dos participantes e que colocaram as balizas da reflexão: Quatro Seminários monotemáticos versaram sobre aspectos desses eixos e permitiram maior aprofundamento sobre o tema; um painel ampliou a reflexão a partir da primeira conferência e as Comunicações ofereceram aos pesquisadores oportunidades de compartilhar o resultado de seus trabalhos, enriquecendo a reflexão. A organização do Congresso optou por publicar todos os textos das comunicações em um único número da *Revista Annales FAJE*, para que seus conteúdos fossem de mais fácil acesso aos que se interessassem em lê-los. E, agora, com a publicação deste livro, fazemos chegar ao público interessado os textos das três conferências e dos seminários monotemáticos.

O primeiro capítulo, que tem como título: *A liturgia entre reforma e pandemia: a fragilidade e a força da Igreja que celebra*, do Professor Andrea Grillo, pretende mostrar como, a propósito desta pandemia litúrgica, já tínhamos, por muitos anos, o seu "pressentimento", e como hoje podemos reagir a ela com um acumulado de práticas e de teorias mais amplo do que imaginamos.

Os capítulos 2 e 3 apresentam as reflexões dos dois primeiros seminários. O Pe. Danilo César dos Santos Lima nos fala da liturgia doméstica como memorial e o Frei Joaquim Fonseca aborda o tema: *A contribuição de Joseph Gelineau no incremento da participação ativa da assembleia no canto litúrgico.*

O capítulo 4, com o tema *Liturgia e eclesiologia na América Latina*, do professor Damásio Medeiros, SDB, "impõe à nossa atenção, de forma imediata, três aspectos que consideram o enraizamento da liturgia, de modo indissociável, à natureza da Igreja e consequentemente à sua ação prática ritual no contexto da América Latina (AL).

A reflexão é um esforço de leitura do argumento desde a relação de circularidade entre a liturgia e a eclesiologia (I), pontuando a assembleia celebrante como expressão simbólica ritual na América Latina (AL) (II); e, finalmente, algumas considerações implicativas entre a liturgia e a vida da Igreja como realidade vivente (III)".

Os capítulos 5 e 6 reportam os dois últimos seminários do Congresso. No capítulo 5, o professor Washington Paranhos, SJ, desenvolve sua reflexão com o tema *Liturgia: teologia e vida celebrativa* e apresenta uma questão: *O "vírus" de uma transmutação eucarística*. Este tempo pandêmico tem revelado que o horizonte religioso, bem como o cenário eclesial característico de muitos fiéis (ministros ordenados e leigos), tem sido tão somente o do ritual de "rezar missa", mas não propriamente o da experiência de *fazer/viver/celebrar* a liturgia. Já no capítulo 6, Dom Jerônimo Pereira Silva, OSB, aborda o tema *Per Preces... As imagens da Igreja emergente da Prece da dedicação, do Rito de Dedicação de Igreja e Altar de 1977*.

O capítulo 7, por fim, refere-se à conferência de encerramento do Congresso, em que o Professor Francisco Taborda, SJ, aborda o tema: *Os Congressos Eucarísticos como statio Ecclesiæ: revivescência atualizada de uma prática eclesial da Antiguidade*. Ele fala sobre os Congressos Eucarísticos Internacionais e procura fazer uma reflexão teológica sobre esses eventos, com a preocupação de situá-los na história e indicar como foram evoluindo com a própria evolução da Igreja, que neles celebra sua fé e sua comunhão.

O objetivo do Congresso foi refletir sobre como a Igreja se realiza na liturgia e como, a partir da própria celebração, a comunidade alcança a realização da "vida em Cristo", ao procurar assumir a linguagem litúrgica como expressão do ato de culto, que se constitui em um texto precioso, pois nele se manifesta e se determina a *lex credendi*, orientada para a *lex vivendi*.

É importante, enfim, assinalar o apoio recebido da CAPES, por meio dos recursos do PROEX do PPG de Teologia da FAJE, especialmente no processo de publicação deste livro.

Espero que os textos reunidos aqui contribuam para fazer avançar a discussão da teologia litúrgica no mundo acadêmico, com reverberações no domínio da ação celebrativa e pastoral das comunidades eclesiais do Brasil, estabelecendo, assim, uma ponte entre a academia e a Igreja, como serviço à inteligência da fé.

Boa leitura!

Washington Paranhos, SJ
(organizador)

CAPÍTULO I

A liturgia entre reforma e pandemia: a fragilidade e a força da Igreja que celebra

Andrea Grillo

Gostaria aqui de desenvolver algumas reflexões. Para tanto, partirei do famoso e visionário livro de W. Benjamin sobre a obra de arte.[1] Nesse texto, tão luminoso, Benjamin faz uma observação que sempre me impactou. Ao falar de cinema, ele o compara à arquitetura e diz que ambos "são desfrutados na distração"![2] Também o celebrar participa dessa natureza da arquitetura e do cinema: trata-se de um ato que tem necessidade de uma fundamental "distração"; não suporta uma atenção e uma tematização muito direta. Por isso entramos em crise não só quando a liturgia, por quase três meses, se tornou inviável, mas talvez ainda mais quando a liturgia foi necessariamente acompanhada – a partir de maio de 2020 e quem sabe ainda por quanto tempo – de numerosíssimas e inevitáveis atenções,

---

1 BENJAMIN, W. *L'opera d'arte nell'epoca della sua riproducibilità tecnica*. Torino: Einaudi, 2000.

2 Ibid., p. 46, onde fala de "examinador distraído".

precauções, condições. *Já não podemos mais nos distrair: é por isso que o celebrar se tornou difícil e quase impossível.*[3]

Ainda assim, esta mesma crise, uma crise tão grande e tão profunda, não apenas nos inquieta como também nos faz bem, porque ela suscita um "sentimento reconhecível", cuja cognoscibilidade deita suas raízes em um "pressentimento". Eu tomo essa categoria de "pressentimento" a partir da reação eclesial diante do surgimento de um papa como Francisco. Foi Marciano Vidal[4] que, no calor da ocasião, deu esta bela definição do pressentimento eclesial. Como era possível – perguntava-se Vidal – que, naquela noite de 13 de março de 2013, todos nós pudéssemos reconhecer naquelas palavras tão novas e naqueles gestos tão insólitos a autoridade de um "papa"? Tão diferentes do que estávamos acostumados a ver há séculos, como [aqueles gestos e palavras] foram logo reconhecidos como autênticos e genuínos? A esta pergunta, Marciano Vidal respondeu: porque durante pelo menos cinquenta anos o Concílio Vaticano II nos deu o "pressentimento" de que tal acontecimento era possível e que poderia tornar-se, mais cedo ou mais tarde, algo real.

Em analogia com este raciocínio, pretendo mostrar como, a propósito desta pandemia litúrgica, já tínhamos, por muitos anos,

---

3 Essa característica de "distração" é necessária para que possamos ficar "dentro" da ação litúrgica e participar dos ritos e orações que a constituem. Distração significa confiar nas palavras e gestos que são realizados, sem controlá-los. Essa é também – como veremos – a condição para fazer uma experiência de fragilidade na liturgia, que não é, primordialmente, a "tematização" da fragilidade, mas a experiência de ser frágil. A unidade de saúde, que remedia a fragilidade com dispositivos de segurança (mãos higienizadas, máscaras, distâncias), torna-se inevitavelmente um obstáculo à entrega distraída do rito. Por isso as liturgias, há cerca de um ano, sofrem com um excesso de atenção, controle e autodefesa, o que interfere na ação ritual e em sua gramática simbólica.

4 Cf. VIDAL, M. La morale: dalla scolastica ai poveri. Intervista a cura di F. Strazzari e L. Prezzi, *Settimana*, 6 (2014), p. 8-10.

o seu "pressentimento", e como hoje podemos reagir a ela com um acumulado de práticas e de teorias mais amplo do que imaginamos. Sendo assim, eu gostaria de refletir sobre quatro pequenos passos, que logo a seguir vou ilustrar de forma mais articulada. Parafraseando uma palavra de peso dos últimos instantes do Papa João XXIII, o Evangelho, enquanto posto à prova pela pandemia, não muda, mas pode ser mais bem compreendido. E, do Evangelho, o que mais me interessa esclarecer é precisamente a "ação litúrgica", se e na medida em que, entre o Evangelho e a ação ritual, pode-se reconhecer uma relação estrutural. Poderíamos, assim, repensar a ação litúrgica à luz da Covid-19. Isso é possível? É correto ou apenas oportuno? Procuro articular minha reflexão em quatro pontos fortes, precedidos por uma premissa:

a) Antes de tudo, pretendo esclarecer o que é esse "objeto" (ação litúrgica) e como devemos tentar compreendê-lo. Já isso, como se tornou evidente nos primeiros momentos da crise epidêmica há um ano, não estava claro para ninguém: nem para os leigos nem para o clero;
b) Eu me pergunto, então, qual foi o impacto fundamental da Covid-19 em nossa maneira de viver a Igreja e a liturgia;
c) Em terceiro lugar, eu me deterei na importância da fragilidade não apenas "fora" da liturgia, mas propriamente no seu interior, quase como uma "condição de possibilidade" do ato ritual;
d) Enfim, o conjunto de nosso percurso poderia nos fazer vislumbrar, de longe, o que podemos projetar para o "depois", para quando tudo acabar e puder ser recomeçado.

Agora, tentarei afrontar, um por um, os quatro pontos a que me propus, apenas com uma pequena premissa.

1. Compreender o que acontece: prova e tentação

Não é fácil compreender o que está acontecendo há cerca de um ano. Podemos dividir nossa leitura em diferentes âmbitos. Obviamente, no âmbito sanitário, como uma pandemia. Mas também no âmbito econômico, como uma crise gravíssima. Em âmbito pessoal, como solidão e distância, isolamento e ansiedade. Mas também há um âmbito inconsciente, relacional, espacial, temporal...

O fenômeno que vivemos, com sua força que nos perturba, assusta-nos e nos impele, manifesta dinâmicas profundas: esconde algumas coisas, enquanto revela outras. A pergunta pela relação entre "ação ritual", "distração" e "fragilidade" introduz, todavia, uma perspectiva singularmente eficaz ao nos forçar a ver diversamente as coisas eclesiais, e as litúrgicas, em particular. A novidade se dá precisamente quando se descobre que *a liturgia cristã não apenas se encontra "diante" da fragilidade como também exige uma explícita "forma frágil", que hoje nos é impossibilitada. Na liturgia, acontece uma "perda do controle de si" – e uma "entrega corporal ao outro" – que hoje se tornou ainda mais difícil, para não dizer impossível.* Mas, se queremos ser verdadeiros, devemos reconhecer que essa corporeidade ritual já não era fácil nem mesmo antes, quando não havia ameaça nenhuma de epidemia ou de contágio.

2. O objeto da experiência e seus sujeitos

Para entrar melhor na questão, antes de tudo precisamos nos entender bem: a questão que colocamos sobre a "ação litúrgica" se refere a um âmbito de fenômenos, dentre os quais, um em particular se destaca, a tal ponto que obscurece os outros. A práxis litúrgica é certamente a "Eucaristia", a missa, o preceito festivo, entendido, porém, não apenas como "conteúdo" como também como forma.

Porém, além dela, existem todos os outros sacramentos (iniciação, cura e serviço/vocação), e ainda a oração eclesial nas formas mais ou menos oficiais, comunitárias ou individuais.

Se queremos compreender sobre o que estamos falando, e que às vezes parecia escapar das discussões deste último ano, devemos reconhecer que a "missa" possui algumas características que os últimos sessenta anos fizeram emergir com grande relevo: ela é uma ação comum, uma reunião comunitária, um encontro corpóreo com o Senhor, em uma lógica desvinculada da necessidade, na qual contam a ação e a forma, não apenas o conteúdo de verdade e de doutrina. Por isso, o papel da *actuosa participati*, bem como o da "linguagem comum" dos ritos, tornou-se o modo ordinário da "celebração", como ato de Cristo e da Igreja, que é assembleia celebrante e comunidade sacerdotal.

A par da celebração eucarística, com toda sua incontornável relevância, encontram-se todas as outras dinâmicas sacramentais, em sua qualidade de "ritos de passagem", e, portanto, plasmadas por lógicas de "necessidade" que reduzem inevitavelmente o nível de gratuidade. Não por acaso, no período mais duro da pandemia, a "cisão" entre Exéquias, Matrimônio, Batismo e Eucaristia assinalava, com evidência, a prevalência dos "mínimos necessários" sobre os "máximos gratuitos".

E, ainda, em uma terceira dimensão, a oração comum nos ritmos do tempo, que se pode tornar oração monástica, oração paroquial, oração doméstica. A casa, o tempo, o espaço tornam-se "condições de oração". Como veremos, as condições impostas pelo "protocolo sanitário" desnudaram os limites de uma "concentração eucarística" do culto cristão, que corre o risco de se tornar uma forma de "paralisia eclesial", no momento em que a celebração eucarística se torna impossível ou difícil. A recuperação de um espaço do "culto cristão" mais amplo – prévio e ulterior –, no que diz respeito à Eucaristia, constitui um objetivo que requer não só uma organização diferente como também a descoberta de prioridades mais sutis.

Aquilo que, em todo caso, qualifica essa dimensão na sua integralidade – justamente como "ação ritual" – é a relação íntima entre o Senhor e sua comunidade. Esse núcleo qualifica transversalmente toda a liturgia, tornando-a um lugar de rompimento e de transgressão das formas privadas e públicas de relação. Quando se celebra, irrompe-se uma palavra e uma ação que não deixam ninguém nem em privado nem em público. É útil considerar por que razão esse fenômeno se tornou tão difícil hoje, e como essa dificuldade, lida adequadamente, pode se tornar uma grande e histórica oportunidade não só para a Igreja como também para toda a cultura comum.

3. Vida civil, comunidade eclesial e ação litúrgica, segundo o protocolo

Como era inevitável, esse fenômeno macroscópico da pandemia, que mudou as formas de vida, de produção, de desenvolvimento e de percepção, tendo sido "verbalizado em excesso", passou a ter vários "lugares-comuns". Compreender sua natureza e seu efeito não é fácil. Quando em abril vimos caminhar pelas ruas dos povoados cervos de grandes chifres, assim como longas filas de patos atravessando faixas de pedestres, quando vimos golfinhos se aproximando do cais e pássaros bicando nossas migalhas bem dentro de nossas janelas, compreendemos que havia acontecido algo bem maior do que uma emergência sanitária.

Tento aqui propor uma interpretação que eu definiria como "sociolitúrgica" da pandemia da Covid-19. Farei isso em três etapas.

3.1 O desaparecimento da expressão/experiência comunitária

A emergência sanitária, do ponto de vista da ordem pública, resultou em um fenômeno impressionante. Reconhecendo como "seguras" apenas as casas privadas, esse mesmo modelo de protocolo reduziu substancialmente tanto os espaços públicos quanto os comunitários. Em relação à estrutura da sociedade, que prevê três níveis de experiência e de expressão (a casa privada, a praça pública e os lugares comunitários como as igrejas, as associações, os bares, as academias, as piscinas, os clubes recreativos), houve uma divisão drástica entre a esfera "privada" e tudo o mais, que passou a ser reconduzido e reduzido à normatividade pública.

3.2 A privatização das relações

Esse fenômeno institucional de fato corroeu totalmente (de março-maio) ou parcialmente (de junho em diante) os espaços comunitários, que foram reduzidos aos espaços privados, ou às lógicas "do remoto", ou se "adaptaram" às normas determinadas pelo âmbito público. A privatização de todas as formas comunitárias, ou sua transmigração ao *on-line*, é um evento que permanecerá na história. Os sinais desse evento perturbador não foram ainda superados. Hoje, embora em uma versão atenuada, em relação ao período de março a maio, ainda experimentamos bastante seus efeitos.

3.3 Exposição pública da liturgia

Essa condição "estrutural" afetou profundamente o aspecto "expressivo-experiencial" da nossa Igreja e das nossas liturgias. Porque a Igreja, de fato, se expressa antes de tudo no aspecto comunitário. Existem certamente relações seja com a dimensão privada, seja com a pública, mas a verdade da Igreja é a de ser "lugar de comunhão", lugar de reconhecimento, lugar de contato, lugar de proximidade. A subtração do espaço comunitário e a sua assimilação ao espaço público removeram o lugar próprio e a linguagem elementar da vida eclesial.[5]

Diante dessa condição paradoxal, é de grande proveito a pergunta que levantei no início: em que tudo isso se relaciona com a distração e com a fragilidade? Como é possível garantir ainda aquela margem de distração e de fragilidade sem a qual não é possível, de fato, "celebrar"? Desfiles e cerimônias podem ser realizados em público, mas as celebrações, não.

4. E quanto à desatenção e à fragilidade?

É aqui que entra a relevância da desatenção e da fragilidade, pois é justamente a "necessidade visceral" de uma liturgia "frágil" aquilo que a pandemia torna mais difícil para todos nós, aumentando desmedidamente o nível de "atenção". Pode parecer um paradoxo, mas com a pandemia e com seu justificado "protocolo sanitário", nossas liturgias perderam sua fragilidade natural e necessária. Precisamente pelo fato de sermos todos "vulneráveis", nós nos defendemos reciprocamente. Mas essa restrição, que permanece absolutamente necessária no plano sanitário, nos impede de viver plenamente a dimensão comunitária da experiência: sem a distração/abandono de si e sem que haja expressão da fragilidade, realmente, nos custa celebrar.

4.1 Liturgias "privadas" e "públicas"

A pandemia tornou, primeiro, nossas liturgias privadas e, depois, públicas, no sentido de que ela nos retirou aquela diferença

---

5 As implicações desse desenvolvimento exigem um repensar radical da eclesiologia, na linha do que sugere M. Neri (*Fuori di sé*: la Chiesa nello spazio pubblico. Bologna: EDB, 2021).

"comunitária", que se exprime de modo elementar com as mais imediatas linguagens do corpo, do espaço, do tato, do rosto, do movimento. A passagem da ação ritual à esfera pública faz com que desapareça sua linguagem própria, enrijecendo-a em uma série de "observâncias" que se sobrepõem e interferem fortemente no plano simbólico-ritual.

4.2 Três palavras exemplares: *hands* (mãos), *face* (rosto), *space* (espaço)

Procuremos compreender melhor esse "impasse" através das palavras inglesas com as quais, em um primeiro momento (atualmente elas já foram mudadas), se buscou padronizar o comportamento das pessoas em espaços públicos e comunitários. No Reino Unido, via-se escrito, aonde quer que se fosse, um lema de três palavras:

HANDS – FACE – SPACE

isto é

MÃOS – ROSTO – ESPAÇO

As medidas sanitárias passaram a ser sintetizadas, assim, em três "lugares corporais": as mãos, o rosto e o espaço. O contágio é superado, ou ao menos contido, quando se toma um acurado e meticuloso cuidado com o toque.

4.3 Deserto corporal

O cuidado com a "higienização das mãos", às vezes até com o uso de luvas, o específico uso de máscaras para cobrir boca e nariz e o distanciamento de pelo menos um metro entre as pessoas subtraem dos lugares públicos e comunitários qualquer corporalidade da relação. Isso ocorre, que fique bem claro, por justas razões sanitárias. Porém, com isso, indireta mas efetivamente, desertificam-se o espaço público e o comunitário de qualquer expressão relacional, que passa a ser reservada integral e definitivamente para o âmbito da vida privada. Se se retira de um espaço público, e sobretudo de um lugar comunitário, parte de seu potencial comunicativo, ele acaba por se tornar cada vez menos habitável. Assim, o privado, tido potencialmente como seguro, torna-se refúgio e, muitas vezes, tentação. Não é por acaso que um dos produtos mais vendidos no ano passado foi o "sofá"!

4.4 *Emoticon* sem rosto

O órgão do tato (as mãos), do olfato (o nariz), do paladar e da fala (a boca) e a linguagem sutilíssima do espaço (a distância), de tal modo alterados, incidem profundamente na possibilidade da "expressão" e da "experiência" da relação. A máscara impede que sejamos reconhecidos e que nos exprimamos com expressões faciais. Até os *emoticons* são emudecidos, quando usam a máscara! No caso em que se veem apenas os olhos de um rosto, e no caso em que somente os olhos podem exprimir palavras, ainda que impedidas e/ou obscurecidas pelo véu da máscara, a expressão da própria experiência e a experiência da expressão de outrem se tornam fortemente reduzidas, estilizadas, confinadas, mutiladas.

4.5 A armadura contra o contágio/contato

E tem mais: as medidas de prevenção, que acertadamente adotamos em vista de nossa fragilidade em relação ao contágio, acabam por paralisar a "linguagem da fragilidade", ou seja, aquela linguagem que expressa a necessidade de mãos acolhidas e acolhedoras, reconciliadoras e reconciliadas, de corpos próximos e que se unem, de rostos que exigem reconhecimento e que têm necessidades e desejos a serem expressos. Homens e mulheres de "mãos limpas" (sem pecado), apáticos e inexpressivos (sem escuta e sem palavra), que sempre se mantêm à distância (autossuficientes), tornam-se "tão fortes", tão sérios, tão firmes, tão íntegros, tão pouco capazes de confessar sua fragilidade. A correta armadura contra a pandemia embota os sentidos, distancia o próximo, impede a expressão, limita a experiência. As relações são sufocadas, a fé não respira. Não se pode acariciar com a armadura. Não se celebra sem se distrair de si e sem se expor ao outro.

4.6 Uma práxis sem gramática

Assim, inevitavelmente, o protocolo sanitário, em certa medida, "bloqueou" e "reduziu" as nossas liturgias, que vivem de expressões corporais, de formas, de encontros, de cantos e de festas em comum. Se o parêntese não for apenas um parêntese,[6] mas um longo período, poderemos pensar, planejar, esperar que, quando tudo acabe, reencontraremos forças para "desejar" mãos sensíveis, rostos expressivos e reconhecíveis, distâncias encurtadas, proximidades promissoras? Poderemos voltar a ser "frágeis" em nosso celebrar e capazes de "distração" para nos abandonarmos a Cristo e à Igreja? Ainda poderemos ser capazes de não nos "defender" no acesso mesmo do ato de culto? É esse o termo de esperança, para o qual se faz necessária uma profecia de boa ventura, de aventura e não de desventura: de fato, "a boca beijada não teme ventura" (G. Verdi, *Falstaff*).[7]

5. Presença e perspectiva

Talvez este mesmo tempo, com as características que brevemente consideramos, possa nos dar uma tarefa inesperada: a de receber

---

6 Cf. OLIVERO, D. (ed.). *Non è una parentesi*: una rete di complici per assetati di novità. Cantalupa (TO): Effatà, 2020.

7 *Falstaff* é uma ópera cômica de Giuseppe Verdi, composta em 1893, inspirada na adaptação por Arrigo Boito de *The Merry Wives of Windsor* (As alegres comadres de Windsor) e *Henry IV*, partes I e II, de William Shakespeare.

verdadeiramente, e em profundidade, a boa mensagem do Concílio Vaticano II e da sua reforma da liturgia e da Igreja. Recordando que a reforma litúrgica foi e quis ser lida como um "instrumento" em vista de algo mais, e não como "fim em si mesmo". Sobre este ponto delicado e bastante subestimado, muitas foram as simplificações, e muito arriscadas: com muita frequência "prevaleceu um grande esforço catequético sobre a liturgia, enquanto as suas práticas foram deixadas à autodeterminação de cada intérprete".[8] O cuidado para com a ação – e a prevalente dependência de linguagens "não verbais", precisamente porque hoje elas se encontram completamente "impossibilitadas" e "impedidas" – abre, quase *sub contraria specie*, um espaço novo para a releitura da reforma litúrgica, cujo objetivo justamente é o da aquisição de uma nova forma ritual compartilhada, que elabore identidades comuns e pessoais.

Per ritus et preces, ou seja, a forma ritual da inteligência litúrgica da Eucaristia. Ela significa, precisamente, que mediante a aparente "distração" dos ritos, por causa de sua pouco econômica não expressividade prosaica e corporal, entramos de cheio na verdade da palavra e do sacramento. E isso acontece não "explicando os ritos", mas "deixando que os ritos falem".[9]

---

8 ZANCHI, p. 102.

9 De forma exemplar, a inadequação da recepção do Concílio pode ser vista até nas "traduções" do texto de sua Constituição litúrgica: uma das edições italianas mais difundidas traduz "per ritus et preces id bene intelligentes", da SC 48, com a frase: "compreendendo bem os ritos e as orações". O que não se trata apenas de uma "tradução livre", que trai o texto latino, como também de uma incompreensão do "objetivo" da reforma, que não é uma conceituação da história da salvação, mas uma mediação ritual dessa história. A edição oficial em inglês – no site do Vaticano – traduz incorretamente "through a good understanding of the rites and prayers" (cf. https://www.vatican.va/archive/hist_councils/ii_vatican_council/documents/vat-ii_const_19631204_sacrosanctum-concilium_en.html). O erro da tradução portuguesa é ainda mais acentuado.

Isso é exatamente o que foi expresso com o termo "conhecimento *per conaturalitatem*", de C. Vagaggini, nos anos 1950; também definido como "conhecimento simbólico", trinta anos antes, por Romano Guardini. Mas não era diferente, da parte de M. Festugière – ainda antes da Primeira Guerra Mundial –, a ideia de "mediação litúrgica" reconhecida como "fonte" e, da mesma forma, no "pensamento total" de O. Casel, o manifestar-se da atenção para a "exterioridade" do "mistério do culto".[10] O Movimento Litúrgico, em outras palavras, nasceu não com o término da reforma, mas com a descoberta da originalidade da "inteligência ritual". Em vista dela, ele elaborou estratégias para a reforma dos ritos, desde o início do século XX, encontrando em seguida, apenas no segundo pós-guerra, o clima adequado para uma abrangente reforma da liturgia, iniciada não com o Concílio, porém, mais de dez anos antes, com Pio XII. A Vigília Pascal e a Semana Santa, centro do ano litúrgico, tornaram-se, a partir de então, lugares de experimento em vista de uma retomada da inteligência ritual, que o Concílio Vaticano II relançou para a inteira experiência do culto eclesial.

6. A pandemia e a retomada do Concílio Vaticano II

A "índole pastoral" do Concílio – pode parecer um paradoxo – foi descumprida, sobretudo, na liturgia. A deficiência não diz respeito à estrutura conciliar nem à implementação dos novos *Ordines*, mas à sua recepção, que não se deixou questionar pelas "formas", mas preferiu diretamente administrar "conteúdos". Desse modo, perdeu o sentido mesmo da reforma, da sua necessidade. Se não se capta o elemento instrumental de uma reforma, ela se torna supérflua; e, antes ou depois, tornamo-nos indiferentes à própria forma ritual.

---

10 Para uma releitura de todo o fenômeno "originário" do Movimento Litúrgico, refiro-me a GRILLO, A. *La nascita della liturgia nel XX secolo*. Assisi: Cittadella, 2003.

Por isso é importante, precisamente hoje, prestar atenção ao sentido do evento conciliar.

À luz daquele evento, que nos ensinou de um modo novo a "distração da Igreja de si mesma" e, portanto, a "fragilidade litúrgica" – libertando-nos de "protocolos" demasiado rígidos e individualistas –, podemos tentar imaginar o que será a partir daquilo que temos sob nossos olhos. Aquilo que vemos pode nos fazer distinguir, de longe, aquilo que não vemos, mas que nos é consentido esperar. E hoje podemos esperar "melhor", precisamente, por causa do "jejum" determinado pela pandemia.

6.1 Efeito "diapositivo": a Igreja na contraluz

Exasperando os contrastes, constrangendo-nos a fazer "à força" o que muitas vezes já fazíamos antes por escolha indireta (manter a distância, não reconhecer e não ser reconhecido, não tocar e não ser tocado), a pandemia traz à luz, de uma forma antes difícil de imaginar, a necessidade da "expressão" e da "experiência" da fragilidade. Assim, justamente quando nos sentimos mais frágeis devido a uma ameaça invisível e incompreensível, nós não conseguimos expressar com o corpo essa nossa fragilidade. E podemos com isso esperar nos despedir desses "protocolos implícitos" que se alastravam – já antes – em nossas mãos, em nossos rostos e em nossos espaços. Uma Igreja "distraída de si" e convocada pelo seu Senhor, disposta a deixar-se guiar na história pela palavra vigorosa do Espírito, pode reencontrar o caminho para se deixar ser tocada pela graça, para se deixar ser vista de frente pelo mundo, para se deixar ser aproximada pela realidade. Quase poderíamos transformar o significado das palavras "higiênicas" em palavras "de salvação": *hands*, como um recomeçar a partir do toque e das finas habilidades manuais; *face*, como necessidade de reconhecimento de rostos e de expressão de afetos; *space*, como aspiração ao encontro, ao ser assembleia, ao reunir-se para reconhecer que só se pode ser *ecclesia* à medida que nos reconheçam como "caravana solidária"![11]

6.2 A gratuidade corporal da missa

Ao paralisar o corpo que celebra, a pandemia faz-nos sentir a necessidade de sairmos dos "protocolos" que havíamos tecido para nós mesmos, sem que nos fossem impostos por um "governo". Reunir-se com gosto, aproximar-se do altar, cantar juntos, dar a paz com gestos não contidos, comungar do pão e do cálice, aproximar-se processionalmente uns aos outros em Cristo: eis o que já antes faltava – pelo menos enquanto intenção plena – e que agora será de novo possível, desejável e bem-vindo. Um "desbloqueio" será possível graças ao bloqueio sofrido por fora e logo sentido por dentro. Estávamos bloqueados por nossos vícios e por nossos conceitos. Agora que nos bloquearam por razoáveis motivos "extracultuais", podemos descobrir quão mesquinhos eram os protocolos implícitos da nossa rotina litúrgica. E poderemos nos livrar realmente disso, logo que for possível ou onde isso já for uma realidade.

6.3 As outras formas de "louvor, de ação de graças, de bênção"

A missa vive com sua própria luz, é verdade, mas ela resplende também pela luz refletida. Se, ao redor da missa, houver pouco ou nada – do ponto de vista ritual e orante –, a missa padece. Se, pois,

---

[11] De acordo com a bela imagem encontrada na *Evangelii Gaudium* 87: "Neste tempo em que as redes e demais instrumentos da comunicação humana alcançaram progressos inauditos, sentimos o desafio de descobrir e transmitir a 'mística' de viver juntos, misturar-nos, encontrar-nos, dar o braço, apoiar-nos, participar nesta maré um pouco caótica que pode transformar-se em uma verdadeira experiência de fraternidade, em uma caravana solidária, em uma peregrinação sagrada".

a missa sofre limitações, então, sem que se possa alimentar daquilo que "ritualmente" se encontra antes e depois dela, ela não poderá florescer. Cuidar da liturgia "extraeucarística" tornou-se fundamental. Quando o isolamento caiu sobre nós, fizemos isso por necessidade: tínhamos que improvisar, muitas vezes. Amanhã não teremos que estar prontos para uma nova pandemia, mas dispostos a alimentar a missa com a oração das comunidades e das pessoas nas casas, com a oração das comunidades e das pessoas no tempo, com a oração das comunidades e das pessoas no espaço. O resto do culto cristão surge com força na exigência de um espaço, de um estilo e de tempos apropriados. Mas isso não poderá vir do alto senão ao final.

6.4 Fazer penitência e suas diferentes formas

Em vez de tirar do armário a roupa velha, surrada e fora de medida das "indulgências" – como temos feito sem razões reais mesmo durante a pandemia –, poderemos aprender, do que vivemos na pele nestes últimos meses, que a penitência existe e a pena temporal não tem necessidade de ser "remida", exige apenas que seja reconhecida. Dar início a percursos de "reconhecimento" da penitência que o povo de Deus realiza – na doença, na perda do trabalho, na solidão, na exasperação – exige caminhos de "reconciliação eclesial" que não encontram mais sua forma-chave apenas no confessionário. E que possam encontrar itinerários comunitários e individuais diferentes, como vimos nos últimos meses. A penitência nunca se deu inteiramente no confessionário. Foi o protocolo moderno que nos convenceu disso. A penitência é maior que o sacramento: isso foi sempre verdade. E agora o é muito mais e de um modo absolutamente novo. Assumir a penitência existente, dando-lhe palavra e orientação: este é já hoje, e certamente amanhã, um grande desafio para a Igreja.

6.5 Uma nova relação com a distração e o entrelaçamento da fragilidade vivida e da fragilidade expressa

Em conclusão, para correlacionar Eucaristia, distração e fragilidade, é necessário agir em diferentes níveis. Deve-se reconhecer que o rito possui uma exterioridade vital e não simbólica, à qual responde e à qual presta serviço: uma frágil exterioridade de sofrimento, que deve ser respeitada, trazida à memória e sujeitada. Mas o rito possui também uma fragilidade que lhe é constitutiva, e que alimenta, no plano da ação simbólica "em exercício", a atenção ao ser frágil dos outros. Nossa fragilidade ritual é conatural ao ato de fé. Requer mãos conscientes de que devem exercer um toque arriscado e abençoado, proximidades diversas, das quais necessitamos, para sermos capazes de reconhecer o rosto do outro e de expressar ao outro, também com o rosto, nossa fraternidade.

Cuidar da fragilidade é também ter lugares onde ela possa realmente se expressar. Esses lugares simbólicos e rituais são decisivos para desenvolver um "cuidado do outro", que se desenvolve no cuidado de si eclesial, precisamente, na "distração de si mesmo". A fragilidade da vida resgatada quer se tornar evidente nos sutis simbolismos do toque, dos rostos e da proximidade. Poder voltar a perder o controle das mãos, dos rostos e das distâncias – aquilo que hoje só nos podemos permitir "em privado" – tornou-se neste último ano quase como uma pré-condição para voltarmos a celebrar de verdade e para sermos plenamente comunidade. Voltaremos à desatenção a partir da qual se expressa a fragilidade da fé: eis um surpreendente programa para sair da emergência sanitária e para realizar aquela "terapia litúrgica" que o Vaticano II ensinou sobre o que a Igreja "pensa" e "vive" de si mesma na relação necessariamente tátil, visual e espacial com seu Senhor.

Referências bibliográficas

BENJAMIN, W. *L'opera d'arte nell'epoca della sua riproducibilità tecnica*. Torino: Einaudi, 2000.

GRILLO, A. *La nascita della liturgia nel XX secolo*. Assisi: Cittadella, 2003.

NERI, M., *Fuori di sé*: la Chiesa nello spazio pubblico. Bologna: EDB, 2021.

OLIVERO, D. (ed.). *Non è una parentesi*: una rete di complici per assetati di novità. Cantalupa (TO): Effatà, 2020.

VIDAL, M. La morale: dalla scolastica ai poveri. Intervista a cura di STRAZZARI, F.; PREZZI L. *Settimana*, 6 (2014), p. 8-10.

CAPÍTULO 2

A liturgia doméstica e o memorial

Pe. Danilo César dos Santos Lima

Introdução

A pandemia mudou a face do mundo e a face da Igreja: o vírus *SarsCov-2* fez "cair as máscaras" de uma humanidade refém de seu autorreferenciamento.[1] Tudo ficou mais exposto, sobretudo, com o poder de difusão das mídias sociais: a corrida frenética de exploração dos recursos naturais, a indiferença em relação à destruição do planeta, ao aquecimento global, a violência contra os pobres, a marginalização das mulheres, as portas fechadas aos imigrantes, a xenofobia e o racismo sempre insidiosamente presentes, a intolerância religiosa e tantos outros lamentáveis eventos...[2]

---

1 HADCLIFFE, Timothy. *O isolamento da Igreja*. 08 ago. 2020. Disponível em: https://www.ihu.unisinos.br/601490. Acesso em: 10 mar. 2022.

2 Não consideramos aqui o caráter de tais difusões de informações, o tipo de hermenêutica subjacente às diversas narrativas, os autores e suas opções ideológicas, o contexto de tais difusões, intenções e objetivos. O confinamento, que, por um lado, significou uma restrição de uma considerável parcela dos indivíduos ao ambiente doméstico, por outro, significou também uma ampliação da exposição ao influxo desse tipo de comunicação.

A Igreja não ficou à parte, isolada da história e do evento pandemia. Nesse tempo foi desmascarada também uma religiosidade igualmente indiferente e distanciada dos dramas da humanidade e, por consequência, do Evangelho. Alguns cristãos enveredaram por caminhos extremistas e conferiram roupagem religiosa a muitos dos males acima expostos, muitas vezes impulsivamente e sem qualquer exercício de discernimento. No Brasil, a Igreja foi surpreendida internamente por posturas de intolerância diante de seu engajamento sociopolítico, da sua aproximação e de debates sobre situações de exclusão, como, por exemplo, a questão da diversidade de gênero, a questão ecológico-climática e a denúncia de um projeto de governo antidemocrático, fascista e genocida. Nos ambientes eclesiais mais pentecostais e neoconservadores, enquanto a pauta política de extrema-direita transita livremente, sobretudo nos meios de comunicação de massa, os debates políticos não partidários são censurados como inconvenientes e até mesmo demoníacos, também nos meios eclesiais não pentecostais.

Algumas igrejas locais, grupos e indivíduos responderam à pandemia de modo irrefletido com eventos e atitudes que causaram certa perplexidade, seja pela falta de empatia, seja pela desconsideração teológica e pastoral devidas à Igreja, à liturgia, a suas celebrações e sinais. Algumas dioceses e paróquias conviveram com eventos como "*drive-thru* eucarístico",[3] "devolvam-nos a missa",[4] e transmissões

---

[3] A Arquidiocese de Curitiba-PR notabilizou-se pela prática de "*drive-thru* eucarístico", ao propor, na celebração da Páscoa de 12 de abril 2020, a distribuição da comunhão eucarística aos fiéis impossibilitados de participar presencialmente da celebração da Eucaristia. O ato se tornou recorrente em várias paróquias do país (ARQUIDIOCESE DE CURITIBA, 2020).

[4] O movimento internacional ultraconservador "Devolvam-nos a missa" foi uma reivindicação da celebração eucarística no auge da pandemia, sem nenhuma consideração religiosa de implicações éticas e que responsabilizava os bispos da CNBB pelos efeitos da pandemia. O movimento, com apresentação feita por jovens, teve

de celebrações de qualidade duvidosa, permeadas de clericalismo e sintomaticamente distanciadas dos princípios conciliares da liturgia do Vaticano II; fiéis esbravejavam nos aplicativos e canais católicos exigindo seu direito à comunhão eucarística, e algumas pessoas, grupos e movimentos negligenciaram os cuidados preventivos contra a transmissão e insuflaram entre os fiéis um negacionismo perigoso à saúde pública e ideologicamente pernicioso.

Por outro lado, o retorno lento das celebrações, com uma pequena parcela das assembleias, mesmo seguindo todos os protocolos de segurança, não significou uma retomada da situação anterior à pandemia. A tendência de não reconhecer uma mudança geral manifesta-se em expressões como "novo normal", conotando uma reedição da situação pré-pandêmica. Houve pouca aderência à ideia de uma mudança eclesial, cultural e social irreversível, causada pela pandemia e pelo confinamento. Muitos fiéis, antes assíduos às celebrações, sobretudo dominicais, não retornaram e mantêm-se em suas casas, na maioria das vezes sem exercer nenhum ato celebrativo e, quando muito, assistem pela TV à missa de tal igreja, de tal padre, ou de canais católicos. As escolhas, em geral, de cunho subjetivo, obedecem à conveniência do espectador. De outro lado, muitas propostas foram produzidas para subsidiar a fé das comunidades, entre

---

repercussão na Argentina, no Brasil e em outros países, mas suas bases parecem ter origem na Espanha. Ele colaborou para a desinformação a respeito da pandemia e para iludir fiéis bem-intencionados. Disponível em: https://www.youtube.com/watch?v=-XdxTfLUMSc&ab_channel=SouCat%C3%B3lico. Acesso em: 09 dez. 2021. A reação ao movimento projetou luzes que ajudaram a discernir aspectos ideológicos integristas presentes na campanha. Cf. https://ihu.unisinos.br/78-noticias/598442-os-organizadores-do-devolvam-nos-a-missa-sao-os-mesmos-que-lancam-campanhas-contra-os-bispos-espanhois-argentinos-e-brasileiros; https://ihu.unisinos.br/78-noticias/598524-nao-vamos-dar-ouvidos-a-estes-oportunistas-que-criam-conflitos-por-motivos-politicos-e-ideologicos-diz-dom-luiz-cappio-diante-do-devolvam-nos-a-missa; https://domtotal.com/noticia/1442123/2020/05/a-campanha-devolva-no-a-missa-novos-corintios-o-mesmo-erro/. Acesso em: 09 dez. 2021.

elas, roteiros de celebrações domésticas, contemplando, sobretudo, elementos do rito da Palavra ou do Ofício Divino das Comunidades.[5]

Portanto, mais que avaliar qualquer proposta e seguindo o escopo dessa temática, cumpre abordar a liturgia doméstica a partir do "memorial", conceito-chave para a teologia litúrgico-sacramental.

1. Memorial: um dinamismo litúrgico-sacramental

O memorial é uma ação ritual da comunidade de fé, em obediência ao mandamento de reiteração da ceia institucional, judaica ou cristã, que permite aos celebrantes participar do evento salvífico por meio dos sinais instituídos. Os participantes tornam-se, pela expressão da sua fé, contemporâneos da salvação operada por Deus, não reiterável, mas acessível sacramentalmente.[6] Cumpre dizer: a celebração é uma etapa decisiva na história da salvação, pois, do contrário, o evento salvífico estaria restrito ao passado e inacessível.[7]

A sacramentalidade da liturgia da Igreja é, de algum modo, fundada sobre a lógica memorial: um mandato celebrativo que inclui sinais, ritos e uma comunidade celebrante; um evento salvífico não reiterável; uma reiteração cultual que, pela força dos sinais, permite associar os participantes ao único evento da salvação. Essa lógica

---

5 A Comissão Episcopal Pastoral para a Liturgia da CNBB produziu um esquema doméstico de celebração dominical da Palavra. Disponível em: https://www.cnbb.org.br/downloads/. Acesso em: 09 dez. 2021. O Apostolado Litúrgico da Congregação das Pias Discípulas do Divino Mestre produziu um esquema dominical de celebração com elementos do Ofício Divino das Comunidades. Disponível em: https://revistadeliturgia.com.br/wp-content/uploads/2021/09/Celebrar-em-Casa-25o-DTC-celular.pdf. Acesso em: 09 dez. 2021.

6 TABORDA, Francisco. *O memorial da ceia do Senhor*: ensaios litúrgico-teológicos sobre a Eucaristia. São Paulo: Loyola, 2009, p. 73-84. (Theológica).

7 GRILLO, Andrea. *Ritos que educam*: os sete sacramentos. Brasília: Ed. CNBB, 2017, p. 50-52.

memorial é aplicável aos demais sacramentos e celebrações da liturgia pelo próprio caráter orgânico e analógico das ações sagradas.[8]

A possibilidade de pensar o caráter memorial das liturgias domésticas se assenta sobre o fato de que as famílias são consideradas verdadeiras comunidades eclesiais, quando se pensa a partir do matrimônio.[9] Contudo, a situação doméstica inclui e também extrapola o vínculo matrimonial – pois a casa é lugar dos que nela habitam e convivem, indiferentemente dos vínculos que se estabelecem: de parentesco ou de amizade, temporários ou permanentes, frágeis ou consistentes. O ambiente doméstico é fundamentalmente acolhedor ao convívio humano e, por isso mesmo, aberto ao dado da fé, da experiência de Deus nas situações cotidianas e, muitas vezes, nas situações-limite. É um espaço-chave do canteiro da vida, em que o húmus existencial acolhe a semente do Reino que secretamente germina, sem que o semeador se dê conta (cf. Mc 4,26-29).

1.1 O memorial a partir das casas

Na raiz da experiência litúrgica cristã está a celebração pascal, seja a dos judeus, seja a dos cristãos. Entre ambas se constatam dois vínculos que interessam a esta abordagem: o ambiente doméstico-familiar e as prescrições celebrativas, postas sob o conceito-chave "memorial".

A narrativa da Páscoa judaica, consignada pelo capítulo 12 do livro do Êxodo – um capítulo cheio de camadas redacionais de fontes diversas –, diz em seu preâmbulo de origem posterior, pois faz supor um calendário já estabelecido, no qual Deus se dirige à comunidade de Israel (cf. Ex 12,3). Isso surpreende porque a sequência do texto

8 BOROBIO, Dionisio. *Historia y teología comparada de los sacramentos*: el principio de la analogía sacramental. Salamanca: Ediciones Sígueme, 2012, p. 20-22.

9 LG 11; JOÃO PAULO II, P. *Exortação apostólica*: a missão da família cristã no mundo de hoje. São Paulo: Paulinas, 1982, p. 85. (A Voz do Papa, 100).

trará orientações para a celebração doméstica da Páscoa: como povo, Israel viverá a Páscoa no contexto dos grupos familiares. Além disso, orienta-se que as famílias pequenas se reúnam (cf. Ex 12,4). Esses poucos versículos dão algumas perspectivas litúrgicas importantes, um tripé de apoio e de equilíbrio: o *eixo comunitário*, pelo qual se confere a instrução da ceia; o *eixo doméstico*, como ambiente da realização ritual; o *eixo da hospitalidade*, como disposição de abertura, de encontro, de intimidade e de acolhida.

No *eixo comunitário* se estabelece a prescrição comum a todo o povo: no tempo e locais determinados, todos devem comer o cordeiro, os pães sem fermento, as ervas amargas. É um eixo identitário que reúne os pequenos grupos sob as mesmas prescrições memoriais e as orienta para o mesmo evento salvífico. Os fragmentos fazem parte de um todo maior que lhes ordena, autoriza e os remete, pelos ritos e sinais, ao evento imediato da salvação.

No *eixo doméstico* se prepara e se realiza o rito (5-11): separa-se o cordeiro que será imolado no décimo quarto dia, ao entardecer. Todos os membros da família tomarão parte da ceia que será preparada segundo o número e a capacidade dos comensais. As prescrições gerais são ritos acessíveis, simples: comer juntos, de rins cingidos, sandálias nos pés e cajado na mão. Os alimentos têm função memorial: remetem ao sofrimento suportado no Egito (ervas amargas) e à vida nova que se aproxima (pães ázimos, cordeiro e sangue nos portais).

No *eixo da hospitalidade*, estabelece-se uma abertura entre vizinhos a partir da prescrição de comer um único cordeiro. O caráter familiar se abre para o âmbito doméstico, onde as relações se dão, não de modo fechado, só entre os membros da mesma família. Acolhe-se a possibilidade do intercâmbio e da aproximação com o diverso, o diferente, representado por outra família. Esse eixo remete novamente para o âmbito da comunidade, pois a família acolhida pertence a um povo, que cumpre simultaneamente os ritos prescritos e aos quais Deus se dirigiu de maneira geral.

1.2 O evento como acontecimento decisivo

Depois disso, anuncia-se o evento da passagem do anjo exterminador, que vai saltar à casa dos hebreus, onde o sangue dos cordeiros sobre os portais servirá de sinal distintivo. O anjo saltará à casa dos hebreus – aqui temos o verbo *pasáh*, que significa "saltar por cima" (favoravelmente) ou "passar adiante" – das casas assinaladas com o sangue (12-13). O ambiente doméstico é, portanto, o lugar celebrativo onde se antecipa, pela celebração que nele se realiza e pela marca do sangue nos portais, o evento salvífico da libertação, seja pelo saltar do anjo exterminador, seja pela passagem através mar.

Para os hebreus, a casa é o lugar do evento, da afirmação da vida, simbolizada pelo sangue do cordeiro nos portais. O anjo exterminador poupará os filhos dos hebreus que seguem as prescrições memoriais. Ferirá, contudo, os primogênitos do Egito. Mas é também o ponto de partida para uma saída imediata: rins cingidos, sandálias nos pés e calçados nas mãos. As famílias que celebram a Páscoa também se tornam povo que sai da terra da escravidão, povo que caminha. A libertação que resulta do evento salvífico eclode e se antecipa no rito doméstico de comer juntos a ceia.

O relato inicial termina com o versículo 14, como ordem de perpétua iteração ritual e como abertura para que as gerações futuras tomem parte no evento da salvação, sendo a ele reapresentadas ritualmente.[10] Originalmente, o memorial é, portanto, um rito consignado aos israelitas para ser celebrado nas casas, em ambiente doméstico.

---

[10] GIRAUDO, Cesare. *Num só corpo*: tratado mistagógico sobre a Eucaristia. São Paulo: Loyola, 2003, p. 82-83. (Theologica).

1.3 A evolução posterior

Com a entrada do povo na terra de Canaã, o rito se adapta às novas condições, remontando a Ezequias (século VIII-VII a.C.), ou mais seguramente no tempo de Josias (século VII), continuando a ser celebrado domesticamente, mas referenciado ao templo, como uma das festas de peregrinação do povo judeu. O sacrifício dos cordeiros passa a acontecer ali, não mais pelas mãos dos leigos, mas oficiado pelos sacerdotes e levitas. O sangue dos animais abatidos é derramado sobre o altar. No âmbito doméstico, o eixo da hospitalidade se dilata, tornando o rito uma celebração suprafamiliar ou voltada para uma família espiritual, ainda mais aberta aos concidadãos judeus, e associada ao memorial da libertação do Egito, em perspectiva messiânica.[11] O culto no templo ganha força, assim como as celebrações nas sinagogas locais, mas sem diminuir as liturgias domésticas, que permanecem vivas e permeando a vida familiar de pequenos ritos e orações: as refeições de abertura do *Shabat*, as refeições diárias com suas bênçãos, as bênçãos ao longo do dia, as orações, os ritos de acendimento da lâmpada oficiados pelas mulheres, a bênção do incenso, o *shemá* e outras tantos ritos que permeavam o cotidiano da casa.

2. O memorial como estrutura sacramental

A catequese sobre o memorial, na noite da Páscoa, atribuída ao rabino Gamaliel (século I), mestre de Paulo, oferece alguns elementos a ser considerados:

> De geração em geração, cada um é obrigado a ver-se a si próprio como tendo ele mesmo saído do Egito, como foi dito: "Naquele dia, anunciarás a teu filho, dizendo: Em virtude disto, o Senhor

---

[11] DUFRESNE, P. *Liturgia da Igreja doméstica*: história, teologia, pastoral. São Paulo: Paulinas, 1976, p. 14-17.

> fez por mim o que ele fez quando saí do Egito" (Ex 13,18). O Santo – bendito seja ele – remiu não só a nossos pais, mas remiu também a nós como a eles, conforme foi dito: "E nos fez sair de lá, para nos introduzir e nos dar a terra que tinha jurado a nossos pais" (Dt 6,23).[12]

Giraudo salienta dois aspectos que considera luminosos nessa catequese: a contemporaneidade dos participantes da ceia memorial da Páscoa judaica e a força dos sinais.[13] O memorial, como rito, desperta e reaviva uma consciência comunitária de participação no evento salvífico da libertação do Egito; elemento que nem a subtração sacerdotal do sacrifício dos cordeiros conseguiu capturar do contexto doméstico da ceia pascal judaica. Além disso, é a força dos sinais (pães ázimos, cordeiro, ervas) que opera a reapresentação sacramental ao evento salvífico.

Aplicando a estrutura do memorial à compreensão sacramental, poderíamos inferir que os sinais, ritos e símbolos, mesmo aqueles que se figuram como elementos celebrativos de outras liturgias, operam segundo o mesmo princípio: por sua virtude e por sua força, remetendo os participantes ao evento celebrado. Não falamos aqui de outra coisa senão de sacramentalidade.

2.1 Transposição cristã da questão memorial

O relato da Páscoa cristã, narrada por Paulo (1Cor 11,17-34) e pelos sinóticos, retoma a celebração da última ceia de Jesus com seus discípulos, ambientada numa ceia pascal judaica. Estruturalmente, como já demonstrado por C. Giraudo, a estrutura memorial entre uma ceia e outra concorda em suas etapas: (1) uma ceia profética

---

12 GIRAUDO, Cesare. *Redescobrindo a Eucaristia*. São Paulo: Loyola, 2001, p. 77.

13 Ibid., p. 77-78.

que, pelos sinais, antecipa o evento salvífico e inclui uma ordem de iteração com o propósito de dar acesso ao mesmo evento às gerações futuras; (2) um acontecimento salvífico irrepetível, somente acessível ritualmente; (3) a reiteração das ceias pascais nas gerações sucessivas, que por ela tomam parte do evento.

As celebrações na origem do cristianismo são testemunhadas por vários documentos que extrapolam os textos bíblicos, dentre eles a *Didaché*, a *Traditio Apostolica*, os diversos testemunhos patrísticos, entre outros. Os dados são diversos, muitas vezes imprecisos, e geram um enorme cardápio de hipóteses e discussões, mas não nos deixam sem conclusões.[14] Para esta análise, importa observar o percurso do ambiente da casa para os ambientes religiosos, que, ao longo da história, esvaziou o caráter doméstico das celebrações litúrgicas cristãs, substituindo-as por uma liturgia hierática e formal. Alguns pontos sinalizam esse percurso, ainda que de modo simplificado:

1. A última ceia é narrada por Paulo e pelos sinóticos como uma liturgia pascal, portanto, ambientada e contextualizada na casa, não no templo. Nem sequer se alude ao sacrifício do cordeiro pascal, sinal capturado pela liturgia do templo;
2. O principal relato eucarístico narrado após a ressurreição, talvez o único, se dá na casa dos dois discípulos, Cléofas e Maria (cf. Lc 24,13-35). Em At 10,41 se alude ao gesto de comer e beber juntos após a ressurreição;
3. A Igreja apostólica continua a frequentar o templo e as sinagogas (cf. At 3,1; 9,20; 13,5.14), mas mantém as reuniões domésticas, onde se dá o ensinamento dos apóstolos e a fração do pão (At 2,46; 5,42; 16,40; 20,7-12);

---

14 BRADSHAW, Paul F. *Alle origini del culto cristiano*: fonti e metodi per lo studio della liturgia dei primi secoli. Città del Vaticano: Libreria Editrice Vaticana, 2007, p. 28. (Monumenta Studia Instrumenta Liturgica, 46).

4. Entre os cristãos de origem pagã não se instaura o vínculo entre a comunidade e a sinagoga. Além disso, a experiência doméstica da ceia do Senhor comporta algumas dificuldades na ordem interna, na hospitalidade, na atenção aos pobres;
5. Não há indícios sustentáveis de que o culto cristão das origens comportasse elementos sacrificais, sacrais ou sacerdotais. O pouco uso destes termos no NT, para o culto, tem valor metafórico.[15]
6. Com a destruição do templo de Jerusalém (70 d.C.), as casas figuram como o local da reunião das comunidades e para as celebrações, com destaque para a casa de Áquila e Prisca, Ninfas e Timóteo;
7. Nestas casas permanece a abertura aos membros da comunidade cristã: as famílias estão abertas à prática da hospitalidade. Em Cl 4,15, Paulo recomenda: "Saudai os irmãos de Laodiceia, como também Ninfa e a Igreja que se reúne em sua casa";
8. As chamadas *Domus Ecclesiae* serão uma evolução posterior a essa etapa, como casas adaptadas para o culto e para as reuniões da comunidade. Permanece, contudo, o estilo doméstico;
9. Com o edito de Milão, no século IV, as comunidades assumem os basileus como locais próprios da reunião da comunidade, iniciando e aprofundando uma assimilação do cerimonial da corte imperial, *pari passu* com uma sacerdotalização do ministério ordenado, fenômeno que se verifica a partir do século VII e se consolida no século XI, também com crescente clericalização do ministério ordenado.

---

[15] PENNA, Romano. *As primeiras comunidades cristãs*: pessoas, tempos, lugares, formas e crenças. Petrópolis: Vozes, 2020, p. 240-250.

3. O clericalismo como obstrução memorial

Um dos grandes efeitos da pandemia na liturgia foi o clericalismo das transmissões de celebração, também chamadas de "missas *in streaming*". As transmissões, geralmente, focalizam o ministro ordenado, com pouquíssimo espaço para a assembleia. Não se trata aqui de reivindicar o espaço para os leigos, mas de constatar aquilo que é efeito próprio das mídias sociais: estabelecer o enquadramento, pois, ao contrário do que se pensa, a transmissão não reproduz o evento integralmente. Ela opta, recorta, elege aquilo que transmite e determina o que se recebe, aquilo a que se assiste. Paradoxalmente, à sua exponencial abrangência, dispõe-se uma restrição condicionada pela exigência do público: o recorte ou o foco transmitido corresponde, em grande medida, ao interesse dos espectadores. Não se dá lugar ao diverso, à alteridade, à interação: o movimento é profundamente solipsista.[16] A assistência simultânea, por sua vez, não gera elo entre os assistentes, mas gera e fortalece anônimos consumidores de um produto recortado pelas mídias sociais. São indivíduos que não interagem entre si, não se veem, não formam sequer a massa, pois não há um *nós*, mas um conjunto de consumidores ensimesmados! São como um "enxame digital", que se agrupa e se desfaz com a mesma volatilidade, sem nenhum traço comunitário.[17]

Não havendo relação – pois só se encontra consigo mesmo – nem entre os participantes nem entre os indivíduos com o evento, interdita-se a participação e a possibilidade de se constituir um sujeito eclesial, também no âmbito celebrativo.[18] Esse é o terreno mais fértil

---

16 GALIMBERTI, Umberto. *Psique e techne*: l'uomo nell'età della tecnica. Milão: Feltrinelli Editore, 1999, p. 637-638.

17 HAN, Byung-Chul. *No enxame*: perspectivas do digital. Petrópolis: Vozes, 2018, p. 25-34.

18 MIRANDA, 2018, p. 23-35.

e ideal para o clericalismo, que, em seu autorreferenciamento, não necessita mais do que espectadores para seu desempenho ministerial. Outrossim, a existência de uma assembleia lhe seria enorme infortúnio, coisa que não há nenhum risco de suceder em ambiente virtual, como se constata a partir do fenômeno das transmissões das celebrações. Além do mais, conte-se com uma autoconsciência eclesial adormecida que reforça todo o esquema. Restaria algum lugar não clericalista, onde a Igreja poderia se realizar? Não! – Entendendo que todos padecem desse mal, dessa antiga "infecção" que acomete a Igreja, antes mesmo da pandemia. Por isso, deve-se atentar para o fato de que se pode aplicar a mentalidade clericalista ao contexto daquilo que se designa como "Igreja doméstica", infectando essa realidade com uma velha pauta, ao não reconhecer e não ouvir o seu *proprium*. Diante disso, seria oportuno assumir uma postura, o quanto possível, de "imunização clerical",[19] em vista de uma aproximação mais coerente e respeitosa da família.

3.1 Mudança de paradigma

A teologia da celebração, desde o século V, entra em crise graças à alegorização da compreensão da celebração como fenômeno que põe fim ao período áureo da mistagogia. O processo de ontologização dos sacramentos se aprofunda e a clericalização da liturgia distancia o povo da celebração litúrgica. A compreensão memorial dos ritos, em que o valor dos sinais era considerado como eficiente para vincular os participantes ao evento, cede lugar a uma abordagem assaz dogmatizada, por um lado, e devocional, por outro, o que só reforça o clericalismo na liturgia. O sequestro da liturgia pelos clérigos impede os fiéis de participarem das celebrações, retendo a alternativa

[19] GRILLO, Andrea. *Ritos que educam*, op. cit., p. 129-130.

das devoções. Esse paradigma perdura até às vésperas do Concílio e ainda atravessa o pós-concílio, chegando aos nossos dias por meio de setores da Igreja interessados em negar a reforma conciliar.

A retomada da noção memorial da Eucaristia, da sacramentalidade da liturgia e do sacerdócio comum dos fiéis, contudo, nos redireciona para uma nova situação. Malgrado a herança pré-conciliar que ainda nos assombra, a herança conciliar nos abençoa com o acesso às fontes da Igreja. A liturgia doméstica vem à tona, portanto, em contexto pandêmico, como uma resposta à situação contingencial, mas também como um valor a não ser mais esquecido, como "bônus" dessa travessia que agora fazemos. Não só as máscaras de nossas mazelas foram tiradas como também emergiu para nós algo profundamente desafiador e coerente com a fé e com a Tradição mais genuína da Igreja.

3.2 Possibilidades e desafios

Quais são agora as questões que viabilizam e que impedem a liturgia doméstica como possibilidade para a Igreja durante a pandemia e após a pandemia? Os impedimentos foram ditos:

1. Uma centralidade eucarística muito marcada pelo dogmatismo e pelo clericalismo. O valor ontológico da Eucaristia se sobrepõe ao próprio valor da Igreja, como sacramento maior de Cristo.
2. Essa visão não nasce do sentido eclesial da Eucaristia, mas do apego eclesial à presença real compreendida em termos ontológico-aristotélicos e ainda distantes da noção memorial da participação real. Para tanto, o ministério assumido como algo destacado da comunidade e das suas reais necessidades – entenda-se clericalismo – é muito conveniente, e ainda intocável.

3. A tarefa teológica de aprofundar, na teologia litúrgica, a noção de memorial pode colaborar não somente para a compreensão da Eucaristia como também de todas as outras celebrações. A Igreja reconhece que a liturgia tem em Cristo sua fonte e origem (cf. SC 6) e que todas as celebrações giram em torno dos sacramentos, isto é, desfrutam de sacramentalidade e são capazes de nos transportar, pelos seus sinais, ao evento da salvação.
4. É necessário aceitar a fragilidade da liturgia como um todo e mais ainda da liturgia doméstica. Como nos ensinaram as Clarissas de Londres, na Semana Santa do início da pandemia, que afirmaram, em outras palavras: "Retiramos da fonte do Ofício tudo o que ele podia nos dar e decidimos não renunciar à Semana Santa por falta de ministros ordenados".[20]
5. A liberdade dos filhos e filhas de Deus e a imperiosa necessidade de celebrar devem nos conduzir ao caminho das capacidades familiares e comunitárias, e não ao simulacro das redes que nos desvinculam da comunidade, nos tornam consumidores do sagrado, e cristalizam ainda mais o clericalismo na consciência eclesial. O memorial nasceu, em contexto judaico e em contexto cristão, nas casas. E se não podemos celebrar nas casas a Eucaristia por falta de ministros ordenados, podemos redescobrir como fazer o memorial por meio de outras celebrações.

---

20 RUMSEY, Patrícia. *Liturgia em quarentena*: o mistério pascal sem um presbítero. 24 jun. 2020. Disponível em: https://www.ihu.unisinos.br/78-noticias/600242-liturgia-em-quarentena-o-misterio-pascal-sem-um-presbitero. Acesso em: 10 mar. 2022.

Referências bibliográficas

ARQUIDIOCESE DE CURITIBA. *Domingo de Páscoa contou com distribuição da Eucaristia na Arquidiocese de Curitiba*. 13 abr. 2020. Disponível em: http://arquidiocesedecuritiba.org.br/2020/04/13/domingo-de-pascoa-contou-com-distribuicao-da-Eucaristia-na-arquidiocese-de-curitiba/. Acesso em: 05 fev. 2022.

BOROBIO, Dionisio. *Historia y teología comparada de los sacramentos*: el principio de la analogía sacramental. Salamanca: Ediciones Sígueme, 2012. (Verdad e Imagen, 189).

BRADSHAW, Paul F. *Alle origini del culto cristiano*: fonti e metodi per lo studio della liturgia dei primi secoli. Città del Vaticano: Libreria Editrice Vaticana, 2007. (Monumenta Studia Instrumenta Liturgica, 46).

CONCÍLIO ECUMÊNICO VATICANO II: Documentos. Brasília: Ed. CNBB, 2018.

DUFRESNE, P. *Liturgia da Igreja Doméstica*: história, teologia, pastoral. São Paulo: Paulinas, 1976.

GALIMBERTI, Umberto. *Psique e techne*: l'uomo nell'età della tecnica. Milão: Feltrinelli Editore, 1999.

GIRAUDO, Cesare. *Num só corpo*: tratado mistagógico sobre a Eucaristia. São Paulo: Loyola, 2003. (Theologica).

GIRAUDO, Cesare. *Redescobrindo a Eucaristia*. São Paulo: Loyola, 2001.

GRILLO, Andrea. *Ritos que educam*: os sete Sacramentos. Brasília: Ed. CNBB, 2017.

HADCLIFFE, Timothy. *O isolamento da Igreja*. 08 ago. 2020. Disponível em: https://www.ihu.unisinos.br/601490. Acesso em: 10 mar. 2022.

HAN, Byung-Chul. *No enxame*: perspectivas do digital. Petrópolis: Vozes, 2018.

JOÃO PAULO II, P. *Exortação apostólica*: a missão da família cristã no mundo de hoje. São Paulo: Paulinas, 1982. (A Voz do Papa, 100).

PENNA, Romano. *As primeiras comunidades cristãs*: pessoas, tempos, lugares, formas e crenças. Petrópolis: Vozes, 2020.

RUMSEY, Patrícia. *Liturgia em quarentena*: o mistério pascal sem um presbítero. 24 jun. 2020. Disponível em: https://www.ihu.unisinos.br/78-noticias/600242-liturgia-em-quarentena-o-misterio-pascal-sem-um-presbitero. Acesso em: 10 mar. 2022.

TABORDA, Francisco. *O memorial da ceia do Senhor*: Ensaios litúrgico-teológicos sobre a Eucaristia. São Paulo: Loyola, 2009. (Theológica).

CAPÍTULO 3

A contribuição de Joseph Gelineau no incremento da participação ativa da assembleia no canto litúrgico

Joaquim Fonseca, OFM

Passadas quase seis décadas da realização do Concílio Vaticano II, cada vez mais se impõe a necessidade de aprofundamento da reflexão sobre liturgia e eclesiologia. Algumas práticas celebrativas (sobretudo aquelas divulgadas nos meios de comunicação e, agora, intensificadas durante a pandemia da Covid-19) têm deixado transparecer uma eclesiologia destoante daquela resgatada pelo Movimento Litúrgico e assumida pelo Concílio Vaticano II. Em tais celebrações, é perceptível o descompasso entre assembleia celebrante e ministérios, a começar pelo da presidência.

O principal objetivo deste colóquio é ressaltar a importância do Pe. Joseph Gelineau no incremento da participação ativa da assembleia no canto litúrgico. A produção teológico-litúrgica e as intuições pastorais desse músico e liturgista francês, antes mesmo do Concílio Vaticano II, já apontavam para a "sacramentalidade" da assembleia.

O caráter mistérico da assembleia motivou Pe. Gelineau a falar, com propriedade, sobre diversos aspectos da teologia litúrgica, a partir da função ministerial de cada rito, à luz da Palavra de Deus e da mais genuína Tradição. O "carro-chefe" de sua abordagem era o canto dos fiéis reunidos em assembleia.

Seguindo a trilha do Movimento Litúrgico, Pe. Gelineau contribuiu, de forma significativa, para a renovação de uma eclesiologia que leva em conta a comunidade dos batizados, bem como sua identidade e a conquista de seu real direito, há séculos esquecido: a participação ativa e frutuosa na ação litúrgica. Em 1953, J. Gelineau publicou seus primeiros salmos em língua francesa. A qualidade da tradução e das melodias tornou-o conhecido em vários países em pouco espaço de tempo. Dezenas de estudos seus sobre a importância do canto da assembleia, publicados nas revistas litúrgicas francesas *La Maison-Dieu* (desde 1946) e *Église qui chante* (desde 1957), comprovam o empenho desse incansável "servidor da assembleia".

1. Pilares da teologia litúrgica de Gelineau

O fazer teológico-litúrgico e pastoral de J. Gelineau tem por base duas colunas mestras, a saber: a função ritual do canto e da música na ação litúrgica e a participação da assembleia.

1.1 A música enquanto rito

A abordagem da questão da música enquanto rito já aparece bem delineada no livro *Canto e música no culto cristão*,[1] primeira obra de J. Gelineau. Aqui, antes de falar de repertórios ou de outros aspectos do canto litúrgico, Gelineau procura responder a questões de base que

[1] GELINEAU, J. *Canto e música no culto cristão*. Petrópolis: Vozes, 1968. Obra publicada, originalmente, na França, em 1962.

continuam latentes até nossos dias: "Por que se canta no culto cristão? Como se insere a música na ação ritual? Que papel desempenha?".[2] De antemão, ele previne seus leitores que, no âmbito da celebração litúrgica, não acontece um simples "fazer música", mas, por meio da própria música, um deixar-se tocar pelo mistério da salvação. Em outras palavras, Gelineau antecipa o que a *Sacrosanctum Concilium* (SC) dirá da música como "parte integrante" da liturgia.[3]

Uma vez que a celebração litúrgica é uma ação – realizada mediante sinais sensíveis que significam e realizam a obra redentora de Cristo naqueles que dela participam[4] –, canto e música ocupam um lugar privilegiado dentre os diversos ritos, graças ao seu poder intrínseco de introduzir, mistagogicamente, a assembleia no mistério celebrado. Isso se realiza de forma eficaz quando canto e música cumprem os requisitos que a própria natureza da liturgia lhes impõe, a começar pela qualidade bíblico-litúrgica e por sua adequação a cada momento ritual em que são executados. Caso contrário, canto e música não passam de uma espécie de "diversão religiosa", em que a objetividade do rito é anulada por gostos subjetivos, desprovidos de densidade simbólico-sacramental.

Em seu último livro, *Os cantos da missa no seu enraizamento ritual*,[5] J. Gelineau reafirma aquilo que sempre norteou sua quase obsessão pelo caráter ritual da música litúrgica. Dentre outras coisas, lembra-nos de que "tudo o que se faz, diz, mostra ou ouve é 'rito', ou seja, faz parte da globalidade simbólica".[6] Por isso, a pergunta pelo sentido de cada canto ou música deve ser respondida a partir de sua

---

2 Ibid., p. 10.

3 Cf. SC 112.

4 Cf. SC 7.

5 GELINEAU, J. *Os cantos da missa no seu enraizamento ritual*. São Paulo: Paulus, 2013. Obra publicada, originalmente, na França, em 2001.

6 Ibid., p. 15.

função na ação ritual concreta. Gelineau constata, igualmente, que, "em matéria de canto, ficamos muito na periferia da ação litúrgica", e nos alerta para o perigo de "se ocupar em cantar, sem se preocupar com o rito em questão".[7] Mesmo que, por um lado, isso possa, de alguma forma, ajudar a assembleia a rezar, por outro, estaremos omitindo o direito da assembleia de desfrutar do papel específico da música litúrgica, que é "comunicar a graça que lhe é própria".[8]

1.2 A participação da assembleia

A reflexão sobre a participação da assembleia na ação litúrgica foi largamente difundida pelo Movimento Litúrgico (ML). A participação era tida como *meta* e *meio.*

> *Meta*: porque seu intuito é o de levar os fiéis ao conhecimento consciente e responsável do seu cristianismo, vivido, fomentado, incrementado por uma vida de fé que gire em torno da Eucaristia. [...] *Meio*: para que os fiéis, reunidos pelo Espírito, possam dirigir-se a Deus como seu povo, como Igreja, de modo concreto, rezando juntos, cantando com "um só coração e uma só alma".[9]

J. Gelineau abraçou o ML e não mediu esforços para levar a efeito as intuições desse Movimento. No início dos anos 1950, depois de ter composto seus primeiros salmos, euforicamente, se expressa:

> Eu fora convidado por um pároco que tinha sido seduzido pelo ML, o abade Jean Bidot. Foi maravilhoso, a assembleia inteira cantou. Foi lá que fiz minha primeira paraliturgia na noite pascal, porque não havia, evidentemente, o direito de modificar

7 Ibid., p. 16.

8 Ibid.

9 TRIACCA, A. M. Participação. In: SARTORE, D.; TRIACCA, A. M. (Org.). *Dicionário de Liturgia*. São Paulo: Paulus, 1992, p. 892.

a cerimônia do sábado santo que se celebrava de manhã. [...] Em Sainte-Geneviève, a cada ano, se realizava um Congresso Nacional de Pastoral Litúrgica, do qual participavam centenas de sacerdotes. Em 1951, tendo já escrito cerca de uma dúzia de salmos, fui convidado a ensaiá-los neste Congresso que, neste ano, tratava-se do batismo, "voz do Senhor sobre as águas". Eu tinha composto como antífona: "Escuta, filho de Deus, sobre as águas imensas a voz do Senhor". Quando percebi diante de mim seiscentos sacerdotes cantando à plena voz esta antífona, eu me senti absolutamente "inspirado". Eu nunca tinha conhecido isto em minha vida.[10]

Essa "inspiração" sentida por Gelineau certamente o encorajou a mergulhar em águas mais profundas no seu fazer litúrgico-musical, apesar das resistências vindas da parte daqueles que contestavam o ML. Sua atividade docente iniciada em 1953, no Instituto Superior Catequético de Paris, foi significativa. Ali, ele abordava a liturgia como símbolo em seu tríplice aspecto antropológico, bíblico e sacramental – o que ainda era novo para a época! Gelineau partilhou algo de sua experiência nesse Instituto, no seguinte depoimento, colhido por seu biógrafo, Phillipe Robert:

> Os anos foram difíceis para mim. Eu comecei a fazer uma iniciação à expressão corporal, porque as pessoas eram como estacas; elas absolutamente não sabiam expressar-se na liturgia. Isto suscitava muitas dificuldades, pois a gente estava diante de uma resistência terrível, resistência de alguns e escândalo de outros. O corpo nada tinha a ver com a oração; esta devia ser interior. Isto até fez parte do dossiê de denúncia enviado a Roma, no momento em que foram suspensos de seu ensinamento Pe. Coudeau e Pe. Colomb, os dois

[10] ROBERT, Ph. *Joseph Gelineau*: pionnier du chant liturgique en français. Turhout: Brepols, 2004, p. 22.

fundadores deste Instituto. Eu, que era mais insignificante, não fui suspenso. Eu continuei a ensinar a Pastoral litúrgica como tal antes e depois do Concílio Vaticano II.[11]

Vale destacar neste depoimento a abrangência da ideia de "participação" que leva em conta a "conscientização do corpo" na liturgia. Diga-se de passagem que, no Brasil, essa reflexão ganhou força no final da década de 1980, com o audacioso projeto de um "Curso de conscientização do corpo na liturgia", realizado no Centro de Liturgia da Faculdade N. Sra. da Assunção de São Paulo, que deu origem ao "Laboratório litúrgico". Ione Buyst, a principal mentora do projeto, assim se expressa: "Nas celebrações, incomodava-nos o verbalismo, o racionalismo, o formalismo, a falta de mística... Em nosso trabalho na faculdade, percebíamos claramente que nossas aulas (teóricas, expositivas) não levavam a uma mudança da maneira de nossos alunos celebrarem".[12] Afinal, a SC dá respaldo suficiente para que se promova uma autêntica participação da assembleia na ação litúrgica, nestes termos:

> Deseja ardentemente a mãe Igreja que todos os fiéis sejam levados àquela plena, cônscia e ativa participação das celebrações litúrgicas, que a própria natureza da liturgia exige e à qual, por força do batismo, o povo cristão, "geração escolhida, sacerdócio régio, gente santa, povo de conquista" (1Pd 2,9), tem direito e obrigação (SC 14).

Em suma, a participação dos fiéis, na sua forma "ideal", deve ser plena, consciente e ativa; sua "fonte" reside no sacerdócio batismal; seu "fundamento" consiste na própria natureza da liturgia;

---

11 Ibid., p. 25.

12 BUYST, I. *Formação litúrgica*: memória pessoal – Centro de liturgia, 1985-2006. São Paulo: Artcolor Ltda., 2006, p. 27-28.

seus "destinatários" são todos os que, pela graça do batismo, têm direito e dever adquiridos. Ao falar do mistério da Eucaristia, a SC é mais incisiva:

> A Igreja, com diligente solicitude, zela para que os fiéis não assistam a este mistério da fé como estranhos ou espectadores mudos. Mas cuida para que, bem compenetrados pelas cerimônias e pelas orações, participem consciente, piedosa e ativamente da ação sagrada, sejam instruídos pela Palavra de Deus, saciados pela mesa do Corpo do Senhor e deem graças a Deus (SC 48).

Este mandato do Concílio veio confirmar aquilo que sempre inquietou J. Gelineau e o levou a refletir sobre a participação dos fiéis, especialmente na prece eucarística. Para ele, "o ato mais corajoso da reforma litúrgica do Vaticano II foi, sem dúvida, o de fazer o povo reunido em assembleia entender a grande oração de ação de graças a Deus pela maravilha do mistério pascal".[13] Isso depois de mais de mil anos de essa prece ser pronunciada em voz baixa, sem qualquer intervenção da assembleia. Gelineau não mediu esforços para que os fiéis compreendessem a unidade intrínseca da prece eucarística, bem como desejou ver nascer a criação de anáforas em língua moderna, nas quais as intervenções da assembleia, ali inseridas, não viessem prejudicar tal unidade. Ele insiste no fato de que tais intervenções devam ser verdadeiras aclamações cantadas.

A promulgação das três novas orações eucarísticas pela Sagrada Congregação dos Ritos,[14] em 1968, motivou J. Gelineau a publicar um artigo na revista *La Maison-Dieu*, mostrando a unidade dos

---

[13] ROBERT, Ph. *Joseph Gelineau...*, op. cit., p. 153.

[14] Vale ressaltar que Gelineau foi o principal redator da Prece Eucarística IV. Ele permaneceu no *Consilium ad Exsequendam Constitutionem de Sacra Liturgia* desde sua constituição, em 1964, até 1974, com a promulgação das orações eucarísticas para assembleias com crianças.

diferentes elementos que compõem a oração eucarística. Assim, ele se expressa:

> De fato, não é suficiente, para julgar a importância de um discurso, analisar as partes e enumerar os elementos dele. É necessário, sobretudo, captar a unidade, o encadeamento, a direção, em uma palavra: o sentido. Não são os elementos que são os primeiros; é a totalidade. O todo explica as partes. Igualmente, para apreciar uma oração eucarística – a *fortiori* para bem proclamá-la e celebrá-la –, é necessário ter captado seu movimento interno, a lógica de seu desenrolar, em uma palavra, seu ritmo próprio.[15]

Obviamente, essa compreensão unitária da prece eucarística implicará a composição de melodias que, no fundo, deverão funcionar como "variações" de um mesmo tema. Um bom exemplo disso é a melodia da Prece Eucarística V. O esqueleto melódico apresentado no prefácio perpassa os demais elementos da Anáfora, até o "Amém" final.[16]

2. A união das vozes: expressão de que "somos um só corpo"

Como vimos anteriormente, J. Gelineau não isola o canto e a música de seu âmbito maior, que é o "acontecimento" litúrgico em si. Este, por sua vez, só é possível mediante a reunião dos fiéis:

> Se, normalmente, não pode haver liturgia sem assembleia, é que a reunião visível daqueles que creem no Cristo e foram batizados em seu nome é o primeiro "sinal" da presença atuante do Senhor

---

15 ROBERT, Ph. *Joseph Gelineau...*, op. cit., p. 158.

16 Ver partitura no *Apêndice 1*.

a constituir e consagrar seu povo. A assembleia é uma realidade da ordem da salvação, ao mesmo tempo visível e invisível. Nesse sentido, ela constitui um "mistério".[17]

J. Gelineau tinha plena ciência do ensinamento dos santos Padres de que o canto dos fiéis, reunidos em assembleia, é sinal sacramental do mistério da Igreja, o símbolo mais expressivo do "uníssono" dos corações. Para os Padres,[18] essa união das vozes será tanto mais autêntica quanto mais verdadeira for a união dos corações.[19] O gesto litúrgico de cantar juntos, "a uma só voz" ao Senhor, não somente expressará como também realizará o amor mútuo, será um vínculo de união e caridade entre os que cantam: "Os cânticos sagrados [...] nos colocam em harmonia não só com as realidades divinas como também com nós mesmos e com os demais, de maneira que podemos formar um coro homogêneo de homens sagrados".[20] É consenso na doutrina patrística que o canto dos fiéis reunidos é expressão do mistério da Igreja. No gesto litúrgico de cantar juntos, a ação do Espírito possibilita à Igreja "atualizar-se" no exercício de sua finalidade última: louvar a Deus. "Por essa atuação do Espírito, a assembleia cristã, no canto comum, é designada como a 'cítara do Espírito'."[21]

---

17 GELINEAU, J. O mistério da assembleia. In: GELINEAU, J. et al. *Em vossas assembleias*: sentido e prática da celebração litúrgica. São Paulo: Paulinas, 1973, p. 45.

18 Para um aprofundamento da teologia do canto litúrgico nos santos Padres, veja: BASURKO, X. *O canto cristão na tradição primitiva*. São Paulo: Paulus, 2005. Em especial, o cap. IV (O canto comunitário como expressão eclesial), p. 97-120.

19 Essa catequese remonta à teologia paulina (Rm 15,6), em que o Apóstolo compara a comunidade cristã a um coro que canta em uníssono. Veja também: FONSECA, J. "A uma só voz": o uníssono como sinal sensível da sintonia da assembleia no Espírito Santo. *Horizonte Teológico*, Belo Horizonte, n. 27, p. 9-25, jan./jun. 2015.

20 PSEUDODIONÍSIO, cit. por BASURKO, X. *O canto cristão na tradição primitiva*, op. cit., p. 108.

21 BASURKO, X. *O canto cristão na tradição primitiva*, op. cit., p. 120.

Uma forma musical...

Em suas pesquisas sobre ritos litúrgicos antigos, incluindo os orientais, Gelineau descobre o "tropário". Trata-se de uma forma musical típica para cantos processionais e que remonta aos primeiros séculos da era cristã. No tropário, o mistério da unidade das vozes é expresso na diversidade ministerial, podendo ser constituída de três elementos: (a) uma estrofe ou antífona, em prosa nobre (textos bíblicos no Ocidente, textos originais de inspiração bíblica no Oriente), adaptada à circunstância e executada, em geral, por uma *schola* (coro); ela abre e fecha o canto; (b) um refrão do povo ou aclamação, concluindo a antífona; (c) alguns versículos de um salmo, cantado por um(a) solista, intercalados pelo refrão da assembleia.

Como se vê, essa forma musical pressupõe uma diversidade ministerial (solista, assembleia, coro) e ressalta o protagonismo da assembleia que intervém no refrão, após cada verso cantado pelo(a) solista. Outro ganho é o fato de a assembleia não precisar de livros ou folhetos, uma vez que o texto do refrão deve ser curto e sua melodia, de fácil assimilação. "Durante séculos – diz Gelineau –, os tropários, conhecidos de cor pelos fiéis, foram para o povo das igrejas do Oriente o veículo da catequese e do aprendizado da oração da Igreja."[22] Contudo, o próprio Gelineau reconhece que nem todas as comunidades eclesiais poderão realizar essa forma musical, pelo fato de nem sempre disporem de um número expressivo de pessoas para tais ministérios.

No Brasil, o franciscano frei Joel Postma parece ter sido o único músico que, até o momento presente, se tem aventurado na composição de alguns cantos no formato do tropário proposto por

22 ROBERT, Ph. A música a serviço do rito e da Palavra. In: FONSECA, J. (Org.). *Assembleia*: povo convocado pelo Senhor – Em memória do Padre Joseph Gelineau. São Paulo: Paulus, 2014, p. 81.

Gelineau. A título de exemplo, apresentamos o canto de abertura de sua "Missa do Domingo da Páscoa":

(Coro e assembleia): **Na verdade, o Cristo ressuscitou, aleluia!**

– A Ele o poder e a glória pelos séculos eternos!

Salmo 139(138)

1. *(Solo):* Senhor, vós me sondais e conheceis,
sabeis quando me sento ou me levanto.
*(Todos): **A Ele o poder...***

2. *(Solo):* Percebeis quando me deito e quando eu ando,
os meus caminhos vos são todos conhecidos.
*(Todos): **A Ele o poder...***

3. (Solo): Por detrás e pela frente me envolveis,
pusestes sobre mim a vossa mão.
*(Todos): **A Ele o poder...***

4. (Solo): Esta verdade é por demais maravilhosa,
é tão sublime que não posso compreendê-la.
*(Todos): **A Ele o poder...***

*(Coro e assembleia): **Na verdade, o Cristo ressuscitou, aleluia!***

– A Ele o poder e a glória pelos séculos eternos![23]

Na disposição gráfica acima, é possível visualizar o modo de execução: a antífona e seu refrão (coro e assembleia) e as estrofes (solistas). Após cada estrofe ou versículo, a assembleia intervém com o refrão.

---

23 CNBB. *Hinário Litúrgico II*. São Paulo: Paulus, 2006, p. 79. Ver partitura no *Apêndice 2*.

3. A título de conclusão

Concluindo este breve colóquio sobre a contribuição de J. Gelineau no incremento da participação ativa da assembleia no canto litúrgico, vale ressaltar alguns aspectos marcantes de seu fazer litúrgico-musical. Certamente servirão de referência para os atuais compositores e agentes pastorais. Ei-los.

3.1 A clareza de seu ministério de compositor

Gelineau tinha consciência de que sua atividade de compositor era um serviço à oração dos cristãos reunidos em assembleia: "Estou a serviço de meus irmãos de fé, não para impor-lhes meus gostos e meu estilo, mas para sentir, como do interior mesmo da comunidade em oração, qual forma musical tem mais chance de traduzir sua oração e dar corpo ao seu louvor".[24]

3.2 O engajamento do compositor na comunidade eclesial

Para Gelineau, o(a) compositor(a) litúrgico(a) não pode prescindir do seu engajamento em uma comunidade concreta: "É sempre no interior de uma comunidade que se exprime que é necessário situar-se para tentar propor-lhe alguma coisa que a ajudará a exprimir o que ela espera para rezar e celebrar".[25] É oportuno lembrar que, enquanto a idade e a força lhe permitiram, Gelineau esteve junto das assembleias, celebrando o mistério pascal e animando-as no seguimento de Cristo, o bom Pastor. Falando de suas atividades nas pequenas comunidades de *Écuelles*, ele assim se expressa:

> Celebro com assembleias muito pequenas (15 a 40 pessoas). Ajudo os leigos a fazerem viver sua paróquia sem presbítero residente

[24] ROBERT, Ph. *Joseph Gelineau...*, op. cit., p. 45.

[25] Ibid.

e a manter as assembleias do domingo, a preparar os batismos. Nenhum período me ensinou tanto. De início, eu desaprendi: ninguém sabe de antemão os efeitos de um rito ou de um gesto simbólico. Toda celebração se recria do interior a cada vez.[26]

3.3 As fontes primordiais do canto litúrgico

Quanto às fontes do canto litúrgico, Gelineau reafirma sua fidelidade à mais genuína Tradição da Igreja: "Eu não tenho que exprimir meus pensamentos ou sentimentos próprios. Eu canto a fé da Igreja. Ela me chega através das palavras que eu recebo da Sagrada Escritura ou da Tradição".[27]

3.4 A função ministerial do canto litúrgico

Desde a década de 1950, J. Gelineau se preocupou com a função do canto e da música na ação litúrgica: "Toda vez que há um canto, a origem do sentido não vem antes da música, mas da ação ritual em curso. [...] Trata-se de entender como a liturgia adota ou gerencia diversas formas melódicas segundo os ritos, as palavras, os lugares, os ministros e as assembleias".[28] A mais alta função da música no culto cristão é a de servir e de exaltar as palavras que expressam a fé.

3.5 A importância dos "ministros" do canto e da música na ação litúrgica

Uma vez que a assembleia é, toda ela, ministerial, as pessoas que cuidam do canto e da música nas comunidades devem imbuir-se de uma formação litúrgico-musical contínua, para que seu ministério

---

26 Ibid., p. 37.

27 Ibid., p. 45.

28 GELINEAU, J. *Os cantos da missa...*, op. cit., p. 15-16.

seja exercido em favor das assembleias que, pela força do batismo, têm o direito de participar ativa e frutuosamente do canto litúrgico. O(a) ministro(a) litúrgico-musical nunca deve cair na tentação do monopólio do canto, abstraindo-se da assembleia – atitude muito frequente nas "missas show", transmitidas pela mídia. A função de tais ministros é fomentar e fazer acontecer a verdadeira comunhão. Afinal,

> não se pode, sem hipocrisia, cantar juntos, se não somos concordes. Nossa reunião será nossa esperança de unidade em Cristo, e o canto nos fará viver juntos a comunhão em devir, porque ele é a única realidade sensível, onde podemos fundir as numerosas vozes, todas diversas, para se tornar um grande uníssono à glória de Deus, já antecipando, aqui na terra, o cântico dos eleitos.[29]

3.6 A influência de J. Gelineau no fazer litúrgico-musical da Igreja no Brasil, pós-Concílio Vaticano II

Pode-se afirmar que o fazer litúrgico-musical da Igreja no Brasil, pós-Concílio Vaticano II, fora influenciado por J. Gelineau e a *Universa Laus*.[30] Essa associação internacional, formada por músicos de diversos países europeus, de caráter ecumênico, e liderada por Gelineau, tinha por finalidade incrementar a reforma litúrgica do Concílio Vaticano II. No subtexto dos temas dos primeiros "Encontros de Música Sacra" – promovidos pela CNBB, na década de 1960[31] –, transparece o "espírito" da *Universa Laus*.

---

29 Ibid., p. 101.

30 Sobre a *Universa Laus*: FONSECA, J. (org.). *Assembleia*: povo convocado pelo Senhor, op. cit., p. 49-68. Veja os dois documentos produzidos por *Universa Laus* em: FONSECA, J. *Quem canta? O que cantar na liturgia?* 7. ed. São Paulo: Paulus, 2019, p. 77-94.

31 Foram quatro encontros, a saber: Valinhos (SP), em 1965; Vitória (ES), em 1968; Guanabara (RJ), em 1968 e 1969. Mais detalhes: FONSECA, J.; WEBER, J. *A música litúrgica no Brasil 50 anos depois do Concílio Vaticano II*. São Paulo: Paulus, 2015, p. 31-36.

Referências bibliográficas

BASURKO, X. *O canto cristão na tradição primitiva*. São Paulo: Paulus, 2005.

BUYST, I. *Formação litúrgica*: memória pessoal – Centro de liturgia, 1985-2006. São Paulo: Artcolor Ltda., 2006.

CNBB. *Hinário Litúrgico II*. São Paulo: Paulus, 2006.

FONSECA, J. "A uma só voz": o uníssono como sinal sensível da sintonia da assembleia no Espírito Santo. *Horizonte Teológico*, Belo Horizonte, n. 27, p. 9-25, jan./jun. 2015.

FONSECA, J. (org.). *Assembleia*: povo convocado pelo Senhor – Em memória do Padre Joseph Gelineau. São Paulo: Paulus, 2014.

FONSECA, J. *Quem canta? O que cantar na liturgia?* 7. ed. São Paulo: Paulus, 2019.

FONSECA, J.; WEBER, J. *A música litúrgica no Brasil 50 anos depois do Concílio Vaticano II*. São Paulo: Paulus, 2015.

GELINEAU, J. *Canto e música no culto cristão*. Petrópolis: Vozes, 1968.

GELINEAU, J. O mistério da assembleia. In: GELINEAU, J. et al. *Em vossas assembleias*: sentido e prática da celebração litúrgica. São Paulo: Paulinas, 1973.

GELINEAU, J. *Os cantos da missa no seu enraizamento ritual*. São Paulo: Paulus, 2013.

ROBERT, Ph. A música a serviço do rito e da Palavra. In: FONSECA, J. (Org.). *Assembleia*: povo convocado pelo Senhor – Em memória do Padre Joseph Gelineau. São Paulo: Paulus, 2014.

ROBERT, Ph. *Joseph Gelineau*: pionnier du chant liturgique en français. Turhout: Brepols, 2004.

TRIACCA, A. M. Participação. In: SARTORE, D.; TRIACCA, A. M. (org.). *Dicionário de Liturgia*. São Paulo: Paulus, 1992.

CAPÍTULO 4

Liturgia e eclesiologia na América Latina

Damásio Medeiros, SDB

Introdução

O tema – *Liturgia e eclesiologia na América Latina* – impõe à nossa atenção, de forma imediata, três aspectos que consideram o enraizamento da liturgia, de modo indissociável, à natureza da Igreja e consequentemente de sua ação prática ritual no contexto da América Latina (AL). A reflexão é um esforço de leitura do argumento desde *a relação de circularidade entre a liturgia e a eclesiologia* (I); pontuando a assembleia celebrante *como expressão simbólico-ritual na América Latina* (AL) (II); e, finalmente, algumas *considerações implicativas entre a liturgia e a vida da Igreja como realidade vivente* (III).

A reflexão sobre a relação entre liturgia e Igreja testemunha uma rica bibliografia a respeito, sobretudo no final do século XIX e no século XX, entre os diversos movimentos de renovação eclesial, a saber: o bíblico, o litúrgico, o ecumênico, a patrística, o eclesiológico, até o amadurecimento das ideias no confluir do Concílio Vaticano II, como nos seus documentos promulgados, e até os nossos dias.[1]

A relação entre a liturgia e a vida da Igreja pode parecer um elemento desconectado, ainda mais se a considerarmos no âmbito da dimensão pastoral. Na realidade, tal relação é complexa porque envolve questões fundamentais que vão além da área pastoral e chama em causa competências teológicas e, outrossim, a colaboração das ciências humanas. Nesse sentido, o encontro entre a vida da Igreja e a vida litúrgica manifesta o espaço fontal da experiência cristã, que, por meio de *ritus et preces*, atualiza a presença do Senhor na comunidade.[2]

É importante sublinhar que, discorrendo sobre a liturgia no contexto latino-americano, se terá presente a dimensão ritual dos sacramentos. Tal operação é, sem dúvida alguma, decisiva, se considerarmos a reflexão hodierna da consistência teológica e antropológica da mediação imediata dos sacramentos da Igreja no ato ritual. Atualmente, o estudo do agir ritual une ambas as expressões de fé. Por isso, falando sobre liturgia, deve-se considerar também as ações celebrantes dos sacramentos quais gestos da salvação em ato *in ecclesia*.[3]

Com efeito, sabemos como a liturgia, na sua historicidade, é uma prática *vivente*, um agir de tipo ritual da Igreja; por isso se especifica e se diversifica em relação às demais práticas eclesiais com as quais entra em contato, mas ao mesmo tempo é fonte e ápice.[4]

---

1 Cf. GRILLO, A. Liturgia e Sacramenti. In: CANOBBIO, G.; CODA, P. *La teologia del XX secolo*: un bilancio. 2. Prospettive sistematiche. Roma: Città Nuova, 2003, p. 411-477.

2 GIRARDI, L. Liturgia e vita della Chiesa. In: MEDEIROS, D. (ed.). Azione Rituale e fede: prospettive di un nuovo rapporto, in *Salesianum* 81 (2019) 622-636.

3 GRILLO, A. Teologia sacramentaria e teologia liturgica: Il sorgere e l'affermarsi di un nuovo rapporto. In: MEDEIROS, D. (ed.). Azione Rituale e fede: prospettive di un nuovo rapporto, in *Salesianum* 81 (2019) 667-652.

4 Cf. SC 7d.

Na presente reflexão é imprescindível considerar como eixo norteador do contexto hermenêutico e eclesial litúrgico as orientações do Concílio Vaticano II, especificamente suas quatro Constituições (*Lumen Gentium, Sacrosanctum Concilium, Dei Verbum, Gaudium et Spes*), outrossim as contribuições das *Conferências Gerais do Episcopado Latino-Americano*,[5] e o trabalho realizado pelas conferências episcopais nacionais da América Latina e Caribe e pelas Igrejas locais, como, por exemplo, o trabalho realizado em prol da realização do *Sínodo Especial para a Região Pan-Amazônica*.[6]

Hoje, o horizonte que se descortina conduz nossa atenção ao *culto* como lugar e momento de expressão de fé na comunidade celebrante, povo em caminho em direção à plenitude do Reino, por meio do anúncio da Palavra de vida, da celebração dos sacramentos e dos sacramentais, no ritmo do ano litúrgico e do dinamismo festivo da piedade popular como lugar de encontro entre o culto e a cultura.

Por isso, a *liturgia* e a *eclesiologia* não podem ser duas realidades apenas justapostas, mas indicadoras de uma mesma realidade. É a liturgia que manifesta a Igreja e, ao mesmo tempo, é a Igreja que se constrói, cresce e se desenvolve até a sua atuação plena na ação ritual litúrgica. Para tal compreensão é essencial a utilização da linguagem litúrgica, que, no ato cultual (*lex orandi*), exprime a *lex credendi* e orienta a *lex vivendi*: "Em tão grande obra, que permite que Deus

---

5 II CONFERÊNCIA GERAL DO EPISCOPADO LATINO-AMERICANO. *Documento de Medellín*. São Paulo: Paulinas, 1987; III CONFERÊNCIA GERAL DO EPISCOPADO LATINO-AMERICANO. *Documento de Puebla*. São Paulo: Paulinas, 1979; IV CONFERÊNCIA GERAL DO EPISCOPADO LATINO-AMERICANO. *Documento de Santo Domingo*. São Paulo: Paulinas, 1993; V CONFERÊNCIA GERAL DO EPISCOPADO LATINO-AMERICANO E DO CARIBE. *Documento de Aparecida*. São Paulo: Paulinas/CELAM, 2007.

6 Cf. FABENE, F. O caminho de preparação para o Sínodo. In: LASARTE, Martín; MEDEIROS, D. (Coord.). *Amazônia salesiana*: o Sínodo nos interpela. Torino: Elledici, 2019, p. 162-168.

seja perfeitamente glorificado e que os homens se santifiquem, Cristo associa sempre a si a Igreja, sua esposa muito amada, a qual invoca o seu Senhor e por meio dele rende culto ao Eterno Pai".[7]

1. Relação de circularidade entre a liturgia e a eclesiologia

Para indicar alguns pontos concretos a respeito da relação de circularidade entre a *liturgia e a eclesiologia*, podemos considerar significativo o trabalho de Cetina Militello,[8] que manifesta um interesse particular em relação à liturgia com uma metodologia de mútua e permanente circularidade entre os conceitos de *mistério-sacramento, povo de Deus, corpo de Cristo, esposa de Cristo* e as chamadas propriedades da Igreja *una, santa, católica, apostólica*. Não se trata de privilegiar uma categoria em detrimento de outra, mas de afirmar a mútua e permanente circularidade e complementariedade entre as duas realidades.

A metodologia utilizada por Militello explica por que a dimensão litúrgica não é desenvolvida em determinado capítulo ou parágrafo de sua obra, mas se apresenta difusa em todo seu livro. De fato, no início de sua pesquisa, a eclesióloga fala dos lugares teológicos como âmbitos eclesiogenéticos e, depois de ter discorrido sobre a correlação entre Igreja e liturgia, entre ato eclesial e ato litúrgico, afirma que essa correlação tem "a sua razão de ser na realidade da *ekklesia*, qual comunidade litúrgica".[9]

Tal correlação percorre o volume inteiro e reaparece na conclusão – a fragrância do corpo crismado –, onde a autora considera

---

7 SC 7b.

8 MILITELLO, C. *La Chiesa "il Corpo Crismato"*: trattato di ecclesiologia. Bologna: Edizioni Dehoniane, 2003.

9 Cf. ibid., p. 24.

as valências eclesiogenéticas com relação à que vem proposta como assembleia emblemática, ou seja, a celebração da missa crismal. De fato, nessa celebração vem sublinhada a celebração do "estatuto-crístico-pneumático do povo de Deus" e da sua "articulação carismático-ministerial".[10] Eis por que se pode constatar que teremos "um povo de Deus concelebrante somente quando, sem exceção, cada cristão tiver acolhido o mistério da unção como chave interpretativa do seu ser e do seu agir eclesial".[11]

O ponto de partida do discurso eclesiológico desenvolvido por Militello é o do binômio *mysterion-sacramentum*, que se fundamenta na "sacramentalidade da Igreja e se manifesta na assembleia para ouvir a Palavra aí proclamada. Essa é uma Palavra eficaz, cujo anúncio-celebração conota a Igreja do 'ainda não'".[12] Desse modo, a centralidade da assembleia cultual retorna na perspectiva da Igreja povo de Deus, colocando no centro da própria reflexão a imagem da Igreja "Corpo Crismado", e a desenvolve coerentemente em uma óptica eclesiológica em profunda sintonia com a liturgia.

É interessante observar que tal circularidade se encontra na *Introdução Geral do Missal Romano*[13] com uma precisa indicação rubrical. O *Ordo Missae* denota o rito de abertura da celebração eucarística colocando o acento em: "A celebração da missa, como ação de Cristo e do povo de Deus hierarquicamente ordenado, é o centro de toda a vida cristã",[14] e não sobre o *sacerdos paratus*, mas

---

10 Cf. ibid., p. 720-722.

11 Cf. ibid., p. 718.

12 Cf. ibid., p. 89.

13 CONGREGAÇÃO PARA O CULTO DIVINO E A DISCIPLINA DOS SACRAMENTOS. *Instrução Geral do Missal Romano e Introdução ao Lecionário*. Texto oficial da Conferência Nacional dos Bispos do Brasil. Brasília: Ed. CNBB, 2021.

14 Ibid., p. 16.

sobre a *communitas* reunida em atitude de culto, porque convocada para manifestar e viver ritualmente o culto espiritual que constitui o ponto central da vida cristã. E essa é a atualização do que afirmou o Vaticano II: a liturgia, pela qual "'se opera o fruto da nossa Redenção', contribui em sumo grau para que os fiéis exprimam na vida e manifestem aos outros o mistério de Cristo e a autêntica natureza da verdadeira Igreja".[15]

A circularidade entre a liturgia e a Igreja tem seu fundamento no mistério pascal. A partir dessa perspectiva, ganham vida todos os demais desdobramentos rituais da celebração, isto é, da fé professada, do culto celebrado e vivido no mistério para nutrir a participação dos fiéis na ação litúrgica e, portanto, conformar cada fiel ao Senhor.

Com o pontificado de Francisco, podemos dizer que é em ato uma primavera eclesial que nos faz redescobrir e valorizar os fundamentos da eclesiologia litúrgica, à luz da "participação ardentemente desejada pela Igreja e exigida pela própria natureza da celebração".[16] As atitudes, não só de palavras, mas de uma verdadeira mudança de época, podemos constatar em algumas de suas recentes orientações, à luz do Vaticano II, que do ponto de vista celebrativo reforça os fundamentos da relação da liturgia com a comunidade celebrante. Nesse contexto, podemos exemplificar.

Em primeiro lugar, o *"Motu Proprio" Magnum Principium*,[17] em que Francisco muda o cânone 838 do Direto Canônico e confia a tradução do texto litúrgico às Conferências episcopais, com o objetivo

---

15 SC 2.

16 CONGREGAÇÃO PARA O CULTO DIVINO E A DISCIPLINA DOS SACRAMENTOS. *Instrução Geral do Missal Romano e Introdução ao Lecionário*, op. cit., p. 18.

17 FRANCISCO. *Carta Apostólica em forma de Motu Proprio Magnum Principium*. Brasília: Ed. CNBB, 2017.

de comunicar fielmente a determinado povo, através da sua língua, o que a Igreja pretendeu comunicar por meio da língua latina, segundo o próprio gênero literário. Com efeito, embora conciso, o documento papal não renuncia a um espaço de argumentação teológica no qual encontramos afirmados pelo menos quatro princípios: o grande princípio da exigência de compreensão da oração litúrgica por parte do povo; o princípio segundo o qual a palavra é mistério, sem que isso dependa da incompreensão, mas da profundidade inesgotável do seu significado; o terceiro princípio é a competência episcopal, que é reiterada fortemente como herança conciliar e como exigência intrínseca para a renovação da vida litúrgica do povo de Deus; o quarto princípio é uma teoria da tradução, bem expressa na frase: "Com este objetivo é preciso comunicar fielmente a determinado povo, através da sua língua, o que a Igreja pretendeu comunicar a outro por meio da língua latina".[18] Essa formulação mostra bem a importância de traduzir não palavra por palavra, mas de cultura para cultura.[19]

> O segundo recente evento eclesial, que considerou a relação entre o culto e a comunidade celebrante, foi a *Assembleia Especial do Sínodo dos Bispos para a Região Pan-Amazônica*.[20] À luz da sinodalidade, se torna exemplar, não somente para o contexto eclesial da Pan-Amazônia, mas para a catolicidade. Ademais, no horizonte de renovação traçado pelo Concílio Vaticano II, existe hoje um crescente sentido de urgência em redescobrir a corres-

---

18 Ibid.

19 Ibid.

20 FRANCISCO. *Exortação Apostólica Pós-Sinodal "Querida Amazônia"*. São Paulo: Paulinas, 2020. Concretamente, a Exortação considera a interação entre liturgia e comunidade celebrante, sobretudo, nos seguintes itens: a necessidade da inculturação (66-69); os caminhos para a inculturação (70-74); a inculturação da liturgia (81-84); a inculturação do ministério (85-90) e a força e o dom das mulheres (99-103).

ponsabilidade de todos os batizados na Igreja, e especialmente na óptica da missão dos leigos. No quinto capítulo do *Documento final do Sínodo*: "Amazônia: novos caminhos para a Igreja e para uma ecologia integral", reconheceu-se a necessidade de pensar em "novos caminhos para a ministerialidade eclesial": "É urgente promover e conferir ministérios a homens e mulheres [...]. O tecido da Igreja local, também na Amazônia, é garantido pelas pequenas comunidades eclesiais missionárias que cultivam a fé, escutam a Palavra e celebram juntas a vida do povo. É a Igreja dos batizados que devemos consolidar, promovendo a ministerialidade e, sobretudo, uma consciência da dignidade batismal".[21]

O terceiro elemento a compor o mosaico eclesiológico contemporâneo, na vertente litúrgica, foi a publicação do *"Motu Proprio" Spiritus Domini*.[22] Para entender as consequências de tal mudança na vida da Igreja, o Papa motiva sua decisão na necessidade de redescobrir a sinergia frutuosa resultante da ordenação mútua do sacerdócio ordenado e do sacerdócio batismal, ainda mais motivado na carta do pontífice para o cardeal Luis Ladaria, Prefeito da Congregação para a Doutrina da fé, na qual enfatiza: "O compromisso dos fiéis leigos, que 'são simplesmente a imensa maioria do povo de Deus', certamente não pode e não deve esgotar-se no exercício dos ministérios não ordenados, mas uma melhor configuração destes ministérios e uma referência mais precisa à responsabilidade que nasce, para cada cristão, do Batismo e da Confirmação, pode ajudar a Igreja a redescobrir o sentido de comunhão que a caracteriza e a iniciar um renovado compromisso

---

21 SÍNODO ESPECIAL PARA OS BISPOS DA REGIÃO PAN-AMAZÔNICA, Documento final, 95.

22 *Carta Apostólica em forma de Motu Proprio Spiritus Dominis*: sobre a modificação do cân. 230 § 1 do Código de Direito Canônico, acerca do acesso das pessoas do sexo feminino ao ministério instituído leitorado e do acolitado. Brasília: Ed. CNBB, 2021.

na catequese e na celebração da fé".[23] O Papa, na missiva, ainda sublinha que é precisamente nessa redescoberta que a sinergia frutuosa resultante da ordenação mútua do sacerdócio ordenado e do sacerdócio batismal pode encontrar uma melhor tradução.

O quarto elemento, que reforça a interação entre a liturgia e a eclesiologia, é o *"Motu Proprio" Traditiones Custodes*.[24] O *Motu Proprio* define os livros litúrgicos promulgados por São Paulo VI e São João Paulo II, após o Concílio Vaticano II, como "a única expressão da *lex orandi* do Rito Romano".[25] Quer-se com isso dizer que a liturgia romana reformada após o Concílio Vaticano II é a forma ordinária, normal e comum dessa *lex orandi*.

Das passagens supradescritas, podemos dizer que, a partir da natureza entre *liturgia e eclesiologia*, se pode colher o sentido da interação intrínseca entre elas, não como um conjunto de ritos, mas como verdadeira experiência da ação ritual, ou seja, como modo de ser Igreja, com a competente linguagem simbólica de um agir cultual, ativo e consciente, no exercício da *ministerialidade* a serviço da comunidade celebrante.

Nesse sentido, aceitamos que a relação descrita acima não pode ser considerada como um argumento secundário. Isso seria não reconhecer a liturgia como ponto de partida, ou seja, que ela é a vida da Igreja. De fato, nesse sentido, o conhecido liturgista austríaco J. A. Jungmann já enfatizava que a "liturgia é a vida da Igreja, considerada na sua relação com Deus; vida da Igreja, isto é, a comunidade daqueles que, no Batismo, encontraram a união com Cristo e que a

---

23 Ibid.

24 FRANCISCO. *Carta Apostólica em forma de Motu Proprio Traditiones Custodes*: sobre o uso da Liturgia Romana anterior à reforma de 1970. São Paulo: Ed. CNBB, 2021, art. 1.

25 Ibid.

cada domingo se reúnem para celebrar, com o sacerdote, a memória do Senhor".[26] Certo, não é toda a vida da Igreja, mas é um momento próprio de atuar a *historia salutis per ritus et preces*. Na realidade, acede-se ao valor próprio da liturgia à medida que se faz experiência dela. Isso corresponde à natureza própria da ação ritual, que pertence a um tipo de agir gratuito, simbólico, não instrumental; nesse sentido, o agir ritual coloca o sujeito eclesial em uma atitude responsorial em relação a Deus, que se autocomunica aos homens.

2. A comunidade celebrante como expressão simbólico-ritual na AL

A Igreja soube colher e ler muito bem, na América Latina, as orientações e intuições da *Sacrosanctum concilium* para as suas comunidades, descortinando a realidade plural entre o *culto* e o seu *modo de ser Igreja*, por meio de seu enraizamento no contato com as diversas culturas, com seus valores e com a mensagem do Evangelho de Jesus. Desse modo, a celebração litúrgica manifesta marcadamente a obra de Cristo sacerdote e do seu Corpo que é a Igreja, ação sagrada por excelência, cuja eficácia, com o mesmo título e no mesmo grau, não é igualada por nenhuma outra ação da Igreja, mas, ao mesmo tempo, a ação litúrgica não esgota a ação da Igreja.[27] Aliás, à luz da *Sacrosanctum concilium*, que desde o seu primeiro capítulo, sobre a compreensão da liturgia da Igreja, ofereceu os princípios gerais da liturgia em si, de sua reforma e da mesma ação pastoral que acompanha o caminho de fé do povo de Deus na história.[28] Em

---

26 GIRARDI, L. Liturgia e vita della Chiesa. In: MEDEIROS, D. (ed.). Azione Rituale e fede: prospettive di un nuovo rapporto, in *Salesianum* 81 (2019), 631.

27 SC 7d.

28 SC 5-13.

tais princípios, encontram-se os princípios essenciais que oferecem o quadro de referimento para a compreensão adequada do que vem a ser *liturgia* e a função que ela tem no projeto histórico-salvífico de Cristo e, portanto, na vida da Igreja e dos fiéis, a saber: Jesus Cristo salvador do mundo; pelo sacrifício e pelos sacramentos; presença de Cristo na liturgia; a liturgia terrena, antecipação da liturgia celeste; lugar da liturgia na vida da Igreja; a participação dos fiéis; vida espiritual extralitúrgica.

Com a celebração do sínodo continental *Ecclesia in America*,[29] os bispos do continente sublinharam o sentido da realidade da vida litúrgica e eclesial a partir do dinamismo dos sacramentos da iniciação cristã; daí foi um passo para redescobrir o sentido da mistagogia no continente: "Estes sacramentos são uma excelente oportunidade para uma boa evangelização e catequese [...]. Se o Batismo e a Confirmação têm a função de iniciar e introduzir na mesma vida da Igreja [...], a Eucaristia constitui o centro vivo e permanente, em volta do qual se congrega a inteira comunidade eclesial [...]. É preciso também lembrar a toda a Igreja na América 'o nexo existente entre a Eucaristia e a caridade'".[30]

Hoje, as comunidades católicas da América Latina são desafiadas pela urgência de um modo de evangelização que seja capaz de comunicar a plena forma de seu ato ritual litúrgico e sacramental, por meio da linguagem verbal e não verbal da mensagem de Jesus, diante de novas culturas que continuam a formar-se nestas enormes geografias humanas, onde o cristão já não costuma ser promotor ou gerador de sentido, mas recebe delas outras linguagens, símbolos, mensagens e paradigmas, que oferecem novas orientações de vida,

---

29 JOÃO PAULO II. *Exortação Apostólica Pós-Sinodal Ecclesia in America*. São Paulo: Paulinas, 1999.

30 EA 34.

muitas vezes em contraste com o Evangelho de Jesus. Tais culturas se tornam, por sua vez, lugar privilegiado da nova evangelização. Isso requer imaginar espaços de oração e de comunhão com características inovadoras, para o encontro com o Cristo,[31] mais atraentes e significativas para as populações urbanas.

Nesse sentido, podemos constatar a necessária circularidade entre a renovação litúrgica e a eclesiologia, orientada, sobretudo, pelas quatro grandes áreas do escopo principal da *Sacrosanctum concilium*, incrementando a vida cristã dos fiéis do continente da esperança, a saber: adaptar às necessidades do nosso tempo; promover a comunhão entre os cristãos; fortalecer a missão da Igreja à luz de seus princípios norteadores, através da realização das Conferências Gerais do Episcopado Latino-americano de Medellín (1968), de Puebla (1979), de Santo Domingo (1992), de Aparecida (2007) e do Sínodo da Amazônia (2019).

Ademais, nas *últimas* cinco décadas, o CELAM aprofundou, planejou estrategicamente e avalia periodicamente, por meio de espaços de estudos, encontros e simpósios promovidos, a realidade do culto e sua interação com a comunidade evangelizadora no continente.[32]

Considero que, diante dos atuais desafios, se deva encontrar espaço na reflexão teológico-litúrgica-sacramental, do continente, de

---

31 EA 12.

32 Pode-se elencar alguns desses encontros de estudos: "A Medellín da Liturgia" (1972); Estudo "Medellín", "Documento final sobre Liturgia" (1976); II Encontro Latino-Americano de Liturgia: "A Renovação Litúrgica na América Latina" (1977); "Adaptações na liturgia" (1982); Congresso Litúrgico Latino-Americano: "A Vida Litúrgica da Igreja na América Latina depois de Aparecida" (Bogotá, setembro de 2010); I Congresso Latino-Americano e do Caribe de Liturgistas, Puebla, 23 a 27 de fevereiro de 2015: "Rumo a uma liturgia inculturada na América Latina e no Caribe"; e mais recentemente: "Plano global 2015-2019", do CELAM, entre outras prioridades e destaques da evangelização e da missão continental de buscar aumentar a formação-experiência-compromisso das comunidades em alguns âmbitos da relação liturgia-eclesiologia.

modo a pensar a realidade das comunidades celebrantes na óptica de seu agir ritual, na relação intrínseca entre a norma da oração (*lex orandi)* e a norma da fé (*lex credendi*), e sublinhando o primado da ação litúrgica. É necessário, na reflexão sistemática entre a *liturgia e a eclesiologia*, não prescindir de que "a inteligência da fé (*intellectus fidei*) esteja sempre originariamente em relação com a ação litúrgica da Igreja"; nesse sentido, a reflexão teológica não pode prescindir jamais da ordem sacramental instituída pelo próprio Cristo; por outro lado, "a ação litúrgica nunca pode ser considerada genericamente, prescindindo do mistério da fé".[33]

Por isso, em tal dinamismo, tanto a prática litúrgica quanto a celebração dos sacramentos não se realizam somente na identidade profunda da Igreja, mas unem sinteticamente todos os elementos que consentem expor a eficácia da salvação *hic et nunc* da celebração, porquanto a ação litúrgica manifesta epifanicamente o mistério da salvação, na qual "se exerce a obra da nossa Redenção".[34] Desse modo, "a liturgia, por sua vez, impele os fiéis, saciados pelos mistérios pascais, a viverem unidos no amor; e que sejam fiéis na vida a quanto receberam pela fé e pela renovação da aliança do Senhor com os homens na Eucaristia, e aquece os fiéis na caridade urgente de Cristo".[35]

Com efeito, o agir ritual é capaz de acolher e sintetizar com inteligência todas as referências teológicas, antropológicas, sacramentais,

---

33 BENTO XVI. *Exortação Apostólica Pós-Sinodal Sacramentum caritatis*: sobre a Eucaristia, fonte e ápice da vida e da missão da Igreja. São Paulo: Paulinas, 2007, n. 34. Cf. MEDEIROS, D. Teologia litúrgica tra "actio" e "intellectus fidei". In: SODI, M.; MEDEIROS, D. *La teologia liturgica tra itinerari e prospettive*: l'economia sacramentale in dialogo vitale con la scienza della fede. Frascati: If Press, 2014, p. 145-168.

34 SC 2.

35 SC 10.

comunitárias e culturais, e não só concorrem a realizar o encontro salvífico entre Deus e o homem na mediação da Igreja. Acredito que se possa dizer que, na sua dimensão prática, a celebração litúrgica possui e propõe uma sistemática implícita da matéria litúrgico-sacramentária. A teologia sistemática, em tal função, poderá pensar e elaborar uma teologia sistemática dos sacramentos em chave litúrgica. De fato, está em jogo um novo modo de tratar a matéria, que considera como muito parcial a impostação doutrinal da dogmática, como também a perspectiva histórica ou rubrical da liturgia. Trata-se de encontrar categorias teológicas que "resistam" à prova da celebração, ou melhor, que surjam de algum modo da celebração, visto que é no contexto da celebração que se dá o sacramento e é na celebração que ele manifesta a sua verdade e a sua eficácia.[36]

3. Considerações implicativas entre a liturgia e a vida da Igreja como realidade vivente

As mudanças culturais, sociais e eclesiais ocorridas ao longo dos últimos cinquenta anos, e no tempo atual da pandemia, certamente,

---

[36] Cf. GIRARDI, L. Liturgia e vita della Chiesa. In: MEDEIROS, D. (ed.). Azione Rituale e fede: prospettive di un nuovo rapporto, in *Salesianum* 81 (2019) 633. Nesse sentido, é imprescindível frequentar a escola antropológica, como em RAPPAPORT, R. A. *Rito e religione nella costruzione dell'umanità*. Padova: Messagero, 2004. Rappaport pesquisou sobre a forma ritual, de modo precípuo, naqueles aspectos óbvios do rito, na lógica interna do mesmo, com seus mecanismos de funcionamento. Na mesma direção, o trabalho de TURNER, V. *Antropologia della performance*. Bologna: Il Mulino, 1993. Turner se dedicou sobre a questão da *performance* e da produção simbólica no processo ritual. No âmbito teológico-litúrgico-sacramental, indicamos: BONACCORSO, G. *La liturgia e la fede*: la teologia e l'antropologia del rito. Padova: Messagero, 2010; TERRIN, A. N. (ed.). *La natura del rito*: tradizione e rinnovamento. Padova: Messagero, 2010; DELLA PIETRA, L. *Rituum forma*: la teologia dei sacramenti alla prova della forma rituale. Padova: Messaggero, 2012; GRILLO, A. *Eucaristia*: azione liturgica, forma storiche, essenza sistematica. Brescia: Queriniana, 2019.

determinaram também uma nova postura em interpretar e acolher o Concílio com nova sensibilidade, aprofundar novos perspectivas, percorrer novos métodos.

A tarefa atual da liturgia, dentro da ação evangelizadora da Igreja da América Latina, não se pode esquecer daqueles cinco verbos evocativos da *Evangelii gaudium*: *tomar iniciativa*, *envolver-se*, *acompanhar*, *frutificar* e *festejar*;[37] e é justamente no âmbito do festejar que aparece a referência sobre a liturgia. Nesse sentido, tais ações postulam uma capacidade simbólica sensível, uma formação permanente litúrgica que possa iniciar os fiéis à comunhão, através dos sinais e ritos, com o mistério de Cristo. Na liturgia, tudo é símbolo e a ação litúrgica envolve todo homem e mulher, alma e corpo, e implica uma relação vital com o material e o sensível. Assim sendo, na interação liturgia e vida da Igreja não se deve deixar de tomar consciência que aquela, para ser celebrada e compreendida plenamente, exigirá dos atores envolvidos no agir ritual uma irrenunciável capacidade simbólica.[38]

Por isso, na vida das comunidades celebrantes latino-americanas, a atenção ao agir litúrgico, na busca de uma participação ativa e consciente, deve abraçar a realidade litúrgica como uma forma vivente. De fato, ela guarda em si a vida, e não é uma abstração, ou um esquema, ou uma ideia aplicada ao ser concreto. Nesse sentido, a forma vivente, na óptica guardiniana,[39] significa que existe a "forma", isto é, a configuração das funções ao ser vivente. E existe a plenitude, ou seja, a disposição para receber a forma, o elemento em espera, a fecundidade.

---

[37] FRANCISCO. *Exortação Apostólica Evangelium Gaudium*: sobre o anúncio do Evangelho no mundo atual. São Paulo: Paulus, 2013, n. 24.

[38] Cf. BUSANI, G. I compiti del Movimento Litúrgico: la proposta di Romano Guardini. In: BROVELLI, F. (ed.). *Liturgia: temi e autori* – Saggi di studio sul movimento liturgico. Roma: Edizioni Liturgiche, 1990, p. 102.

[39] GUARDINI, R. Prefácio. In: GUARDINI, R. *Lo spirito della liturgia*: i Santi segni. Brescia: Morcelliana, 2007, p. 113.

Portanto, conclui o teólogo ítalo-alemão: "Aquilo que se realiza na ação litúrgica não são conceitos e bons propósitos, mas o irradiar, o vibrar, o fazer-se capaz de ser ouvida pelos ouvidos, visível aos olhos e palpável à mão por parte da divina realidade. Na liturgia, o homem, enquanto unidade vivente, encontra o próprio Deus. A percepção daquilo que ressoa do eterno silêncio, a recepção tátil até a intensidade do ato de comer e de beber, são fatos realizados na liturgia".[40]

Dessa maneira, a experiência religiosa e a competência simbólica são realidades que indicam a profunda conaturalidade com o agir, dado que se fundamentam, respectivamente, sobre a manifestação epifânica do sagrado e sobre o intercâmbio entre os participantes fiéis. E, como enfatiza Bonaccorso, trata-se, porém, de uma conaturalidade que se realiza não com qualquer tipo de ação, mas sim com aquela do tipo do rito.[41]

O rosto das comunidades celebrantes da AL, embora marcado conscientemente pelo valor de celebrar com alegria, beleza e fraternidade, não esquece a dimensão social da liturgia. Mas como alegrar-se, entre as cruzes do mundo? A liturgia não fecha os olhos diante das misérias do mundo e, com sua sabedoria, converte orientando, isto é, afastando a atenção de nós mesmos para Deus; das nossas misérias à sua misericórdia, dos nossos pensamentos e raciocínios à Palavra de Deus; das nossas murmurações cotidianas às preces dos fiéis e da Liturgia das Horas, do elenco de nossos insucessos à memória da obra de Deus.

A *beleza* da liturgia, na óptica da *Evangelii gaudium*, parece não se tratar de um referimento meramente estético, ou seja, de

---

[40] GUARDINI, R. Religione e Rivelazione. In: AGUTI, A. *Opera Omnia*, v. II/2, Morcelliana, Brescia, 2010, p. 164-165.

[41] BONACCORSO, G. *La liturgia e la fede*: la teologia e l'antropologia del rito. Padova: Messagero, 2010, p. 189.

forma, mas de uma questão de conteúdo; a beleza da liturgia é a beleza da pessoa de Jesus e do seu dom pascal, que se oferece na celebração. Por outro lado, é impossível pensar a liturgia como um conteúdo privado de forma. É verdade que a liturgia não busca a beleza, mas somente e simplesmente o Senhor, e é verdade que, quando o reconhece, encontra beleza em cada coisa, a partir do rosto. O convite a evangelizar por meio da beleza da liturgia não significa ceder à cultura de uma sociedade estética, mas é um apelo a reconhecer a vocação da liturgia de exprimir e realizar o sentido de harmonia e justiça, de liberdade e de comunhão que anuncia o Reino de Deus revelado em Jesus Cristo. E nos coloca na condição de sermos vigilantes, com cuidado exagerado, aos detalhes do rito, com atitude de superioridade e de autorreferência em relação ao povo de Deus, para que a beleza da liturgia não seja "mundana", mas tenha aquele sentido de gratuidade, de caridade, que não descuida do povo de Deus.[42]

Por isso, acredita-se que o rosto celebrativo das comunidades do continente deva continuar cultivando aquele jeito afetuoso, típico de uma sensibilidade paterna, materna e fraterna. Aquela casa paterna onde há lugar para cada um, com sua vida de dificuldades, e concretamente manter as portas abertas, as portas da Igreja, do diálogo, dos sacramentos, e não transformar a casa paterna em uma "alfândega de fronteira". Nessa óptica, podemos dizer que passam por ali os mais variados códigos performativos, típicos da ação ritual, através da "cultura materna", em termos do idioma materno e que o coração se dispõe a ouvir melhor. Essa linguagem é uma tonalidade que transmite coragem, inspiração,

---

42 Cf. TOMATIS, P. Da *Sacrosanctum concilium* a *Evangelli Gaudium*: quale liturgia per quale evangelizzazione? In: MAGNANI, F.; D'ADAMO, V. *Liturgia ed evangelizzazione*: la Chiesa evangelizza con la bellezza della liturgia. Catanzaro: Rubbettino, 2016, p. 34-36.

força, impulso.[43] A aplicação litúrgica de tal sensibilidade materna, além da linguagem, se concentra sobre a força da piedade popular, definida como fruto do Evangelho inculturado, que não podemos subestimar e, para quem a sabe ler, constitui um lugar teológico a que devemos prestar atenção, particularmente na hora de pensar a nova evangelização.[44]

Em síntese, a realidade litúrgica manifesta sempre aquela vitalidade dos mistérios de Cristo intrinsecamente unida à vida da Igreja e exprime, às vezes, também os desvios de sua vivência eclesial. Nesse sentido, é considerada "realidade vivente, que vive e respira".[45] A comunidade celebrante na AL, portanto, é chamada a encontrar nessa prática ritual aquilo que fundamenta a memória institutiva do seu ser e do seu agir. Por isso se deve reconhecer também que a Igreja atinge na liturgia a sua vitalidade e o critério do seu existir. Em outras palavras, a liturgia não é somente o "cume" da vida da Igreja, mas é também e sobretudo a sua "fonte";[46] e, segundo a sua natureza mais profunda, não exprime primeiramente aquilo que é a Igreja, mas aquilo que lhe foi dado ser por graça no momento da celebração e aquilo que é chamada a se tornar em perspectiva escatológica.

Por isso, permanece atual para o continente latino-americano a tarefa de uma formação litúrgica permanente, necessária e urgente, para não ofuscar os esforços da reforma litúrgica do Vaticano II e para acolher os ritos renovados e inculturados na AL, a fim de que possam

---

43 EG 87. A revolução da ternura, de que fala esse número, considera também a liturgia e se traduz na pesquisa de uma celebração fraterna e popular, capaz de envolver todos, dos jovens aos anciãos, sintonizando o específico da linguagem da liturgia com as linguagens e as culturas do povo de Deus.

44 EG 122-126.

45 Cf. GIRARDI, L. Liturgia e vita della Chiesa, op. cit., p. 623.

46 Cf. SC 10.

revelar a essência da fé e a comunidade celebrante possa participar ritualmente da comunhão no mistério pascal proclamado, celebrado e vivido. Faz-se necessário um verdadeiro mutirão educativo em que os sentidos "do olhar, do fazer, da forma ritual"[47] sejam despertados e envolvidos e que não se limite a explicar tão somente os ritos do próprio agir litúrgico e eclesial.

Referências bibliográficas

BENTO XVI. *Exortação Apostólica Pós-Sinodal Sacramentum caritatis*: sobre a Eucaristia, fonte e ápice da vida e da missão da Igreja. São Paulo: Paulinas, 2007.

BONACCORSO, G. *La liturgia e la fede*: la teologia e l'antropologia del rito. Padova: Messagero, 2010.

BUSANI, G. I compiti del Movimento Litúrgico: la proposta di Romano Guardini. In: BROVELLI, F. (ed.). *Liturgia: temi e autori* – Saggi di studio sul movimento liturgico. Roma: Edizioni Liturgiche, 1990.

CONGREGAÇÃO PARA O CULTO DIVINO E A DISCIPLINA DOS SACRAMENTOS. *Instrução Geral do Missal Romano e Introdução ao Lecionário*: texto oficial da Conferência Nacional dos Bispos do Brasil. Brasília: Ed. CNBB, 2021.

DELLA PIETRA, L. *Rituum forma*: la teologia dei sacramenti alla prova della forma rituale. Padova: Messaggero, 2012.

FABENE, F. O caminho de preparação para o Sínodo. In: LASARTE, Martín; MEDEIROS, D. (coord.). *Amazônia salesiana*: o Sínodo nos interpela. Torino: Elledici, 2019.

FRANCISCO. *Carta Apostólica em forma de "Motu Proprio" Magnum Principium*. Brasília: Ed. CNBB, 2017.

[47] GUARDINI, R. L'atto di culto e il compito attuale della formazione liturgica. In: GUARDINI, R. *Formazione liturgica*. Brescia: Morcelliana, 2008, p. 28.

FRANCISCO. *Carta Apostólica em forma de "Motu Proprio" Spiritus Dominis*: sobre a modificação do cân. 230 § 1 do Código de Direito Canônico, acerca do acesso das pessoas do sexo feminino ao ministério instituído leitorado e do acolitado. Brasília: Ed. CNBB, 2021.

FRANCISCO. *Carta Apostólica em forma de "Motu Proprio" Traditiones Custodes*: sobre o uso da Liturgia Romana anterior à reforma de 1970. São Paulo: Ed. CNBB, 2021.

FRANCISCO. *Exortação Apostólica Evangelium gaudium*: sobre o anúncio do Evangelho no mundo atual. São Paulo: Paulus, 2013.

FRANCISCO. *Exortação Apostólica Pós-Sinodal "Querida Amazônia"*. São Paulo: Paulinas, 2020.

JOÃO PAULO II. Exortação Apostólica Pós-Sinodal *Ecclesia in America*. São Paulo: Paulinas, 1999.

GIRARDI, L. Liturgia e vita della Chiesa. In: MEDEIROS, D. (ed.). Azione Rituale e fede: prospettive di un nuovo rapporto, in *Salesianum* 81 (2019) 622-636.

GRILLO, A. *Eucaristia*: azione liturgica, forma storiche, essenza sistematica. Brescia: Queriniana, 2019.

GRILLO, A. Liturgia e Sacramenti. In: CANOBBIO, G.; CODA, P. *La teologia del XX secolo*: un bilancio. 2. Prospettive sistematiche. Roma: Città Nuova, 2003.

GRILLO, A. Teologia sacramentaria e teologia liturgica: Il sorgere e l'affermarsi di un nuovo rapporto. In: MEDEIROS, D. (ed.). Azione Rituale e fede: prospettive di un nuovo rapporto, in *Salesianum* 81 (2019) 667-652.

GUARDINI, R. L'atto di culto e il compito attuale della formazione liturgica. In: GUARDINI, R. *Formazione liturgica*. Brescia: Morcelliana, 2008.

GUARDINI, R. Prefácio. In: GUARDINI, R. *Lo spirito della liturgia*: i Santi segni. Brescia: Morcelliana, 2007.

MEDEIROS, D. Teologia litúrgica tra "actio" e "intellectus fidei". In: SODI, M.; MEDEIROS, D. *La teologia liturgica tra itinerari e prospettive*: l'economia sacramentale in dialogo vitale con la scienza della fede. Frascati: If Press, 2014.

MILITELLO, C. *La Chiesa "il Corpo Crismato"*: trattato di ecclesiologia. Bologna: Edizioni Dehoniane, 2003.

RAPPAPORT, R. A. *Rito e religione nella costruzione dell'umanità*. Padova: Messagero, 2004.

TERRIN, A. N. (ed.). *La natura del rito*: tradizione e rinnovamento. Padova: Messagero, 2010.

TOMATIS, P. Da *Sacrosanctum concilium* a *Evangelli Gaudium*: quale liturgia per quale evangelizzazione? In: MAGNANI, F.; D'ADAMO, V. *Liturgia ed evangelizzazione*: la Chiesa evangelizza con la bellezza della liturgia. Catanzaro: Rubbettino, 2016.

TURNER, V. *Antropologia della performance*. Bologna: Il Mulino, 1993.

CAPÍTULO 5

Liturgia: teologia e vida celebrativa O "vírus" de uma transmutação eucarística?

Washington Paranhos, SJ

Introdução: o risco de regressão

É notório e também indiscutível que a Covid-19 provocou muitas respostas pastorais, litúrgicas e rituais em curto espaço de tempo. Ressaltamos apenas que essas respostas podem ser frutuosas, ou desastrosas, dependendo do ponto de vista. Isso porque, todo tempo de crise pode ser uma grande oportunidade para rever as atitudes, avaliar a caminhada. No contexto litúrgico-sacramental e eclesial não pode ser diferente.

No nosso campo específico, a pandemia vem revelando impasses e questões profundas em relação à liturgia e à eclesiologia, que pensávamos já ter superado. Mas esse tempo pandêmico tem revelado que o horizonte religioso, bem como o cenário eclesial característico de muitos fiéis (ministros ordenados e leigos), tem sido tão somente o do ritual de "rezar missa", mas não propriamente a da experiência de *fazer/viver/celebrar* a liturgia.[1]

Acredito que já podemos vislumbrar aqui algumas questões que buscaremos desenvolver em seguida: (1) A Igreja como assembleia – povo de Deus; (2) As missas transmitidas; e (3) Um novo começo, tendo preocupação com o impacto do clericalismo que surge como resposta a essa enorme crise litúrgica e eclesial.

Queremos refletir e colocar em relação termos que têm criado confusão neste tempo de pandemia: "corpo místico" e "assembleia litúrgica", mas também "assembleia celebrante", "Igreja doméstica".

Podemos iniciar com uma lembrança, não muito feliz, mas muito marcante do lugar mínimo concedido aos leigos batizados na oração litúrgica, que foi o decreto que o Vaticano emitiu no dia 19 de março de 2020 – "Em tempos de Covid-19".[2] No contexto do Tríduo Pascal – talvez sem saber ou sequer sem pensar nisso –, as pessoas que escreveram o decreto reduziram a participação dos fiéis leigos batizados em uma frase: "Os fiéis devem ser informados sobre a hora do início das celebrações, para poder unir-se à oração em casa".

Se essa frase resume o entendimento e a abordagem do Vaticano à liturgia, não nos deveríamos surpreender ao ver a encenação de rituais locais, populares e exóticos nos bancos e degraus de uma igreja vazia.

---

[1] Lembremos que, quando o culto cristão se tornou livre, no século IV, com Constantino, os cristãos se afastaram da comunhão e, em grande parte, se limitaram a assistir às liturgias, mas sem receber o sacramento. Mais tarde, no capítulo 21 do IV Concílio Lateranense, querendo tornar obrigatório um mínimo de prática sacramental na Páscoa, foi precisamente para frear uma maior deserção da Eucaristia e da Penitência. A rigidez jansenista se movimentou sucessivamente na mesma direção. Na maior parte do tempo, continuou-se a assistir à missa, mas sem fazer a comunhão.

[2] CONGREGAÇÃO PARA O CULTO DIVINO E A DISCIPLINA DOS SACRAMENTOS. *Decreto: Em tempos de Covid-19*. Disponível em: https://www.vatican.va/roman_curia/congregations/ccdds/documents/rc_con_ccdds_doc_20200325_decreto-intempodicovid_po.html. Acesso em: 29 set. 2021.

O que ocorre é que, em um momento como este que estamos vivendo, pode ser ingênuo classificar de forma rígida as escolhas e as indicações oferecidas nos vários âmbitos, desde a saúde à pastoral sacramental, como certas ou erradas. A graça própria dos tempos de "desgraça" é nos obrigar a inventar novas soluções para tentar lidar melhor com as novas situações. Normalmente, como humanos, não podemos ficar esperando para nos mover apenas nas margens, claras e distintas, do que é certo ou errado: devemos navegar à vista no *interregno* (período de transição) do possível sempre revisável (tempo de emergência). No entanto, não podemos esquecer que são precisamente os momentos de crise que levam ao desenvolvimento de novas possibilidades que, normalmente, não se arquivam automaticamente com o fim da emergência. Pelo contrário, as práticas que se desenvolvem sob o aguilhão da necessidade põem em movimento processos que, graças a Deus, ou não, se revelam irrefreáveis. Pensemos no que levou à "invenção" da prática e nova concepção do sacramento da Penitência, por causa do drama eclesial da reintegração ou não dos "lapsos" que escaparam da perseguição. Não basta dizer e proclamar que a proposta celebrativa oferecida neste momento é apenas um parêntese devido à necessidade. Algumas questões surgem agora e não podemos ignorá-las:

- Será que, após este parêntese, os ministros ordenados poderão e saberão voltar a considerar a presença integral dos fiéis indispensável para celebrar, ou continuarão a celebrar por meio de uma transmissão não mais para atender a uma emergência, mas sim às necessidades de alguns fiéis, ou mesmo às necessidades e devoções pessoais?
- Será que os fiéis sentirão dificuldade na participação em uma celebração eucarística de forma física e, no contexto da comunidade concreta em que se vive, o seu próprio caminho

de fé? Isso, se não territorialmente falando – estou pensando na paróquia –, pelo menos como estabilidade efetiva e afetiva de uma escolha eletiva?

- Em que medida seremos capazes de reordenar o irromper das celebrações eucarísticas e até a adoração da Eucaristia na televisão e também no mundo digital cada vez mais amplo?
- Podemos aceitar verdadeiramente que a celebração dos "mistérios" possa entrar no *menu* indiferente de um *zapping* (clique) contínuo e sempre possível, dia e noite, sem quaisquer "condições" de mistério semelhantes às estabelecidas para a participação física, que se experimenta em todos os lugares e momentos da celebração?

Creio que essa radicalização e ampliação exponencial da "transmissão" das celebrações exige uma reflexão que também saiba corrigir o que até agora foi feito quase ingenuamente e, certamente, com excelentes intenções. É tempo de algumas questões serem levantadas e respondidas com serenidade e com um rigor litúrgico igual ao que sempre se usa em matéria sacramental.[3]

- Quais são as condições necessárias para uma transmissão e as regras que devem ser observadas por quem vê e escuta e por quem se faz ver e ouvir?
- Em que medida, em que casos e para quem pode uma liturgia eucarística ser transmitida ao vivo na íntegra?

---

[3] Tomaremos como exemplo o excelente texto do monge beneditino Michael Davide Semeraro. Ele fala do risco de que a situação particular criada pela pandemia se transforme em uma regressão, que leve novamente a sensibilidade e a práxis à postura pré-conciliar. A lenta passagem do comer ao se contentar em olhar para a Eucaristia, também por causa da indignidade própria de pecador, transformou o participar em simplesmente acompanhar os ritos, concentrando-se nas próprias devoções pessoais. Cf.: SEMERARO, M. D. *O vírus de uma transmutação eucarística?* Disponível em: https://www.ihu.unisinos.br/78-noticias/597938-o-virus-de-uma-transmutacao-eucaristica-artigo-de-michael-davide-semeraro. Acesso em: 30 set. 2021.

- Por quais motivos o registro pode se tornar utilizável *on demand* (sob demanda) ou deve ser imediatamente eliminado da rede?

O perigo da regressão é tão evidente e, segundo Massimo Faggioli, "a missa católica pós-Vaticano II sofreu mais com a pandemia do que a missa tradicionalista pré-Vaticano II, na qual o conceito de participação é bastante diferente (para dizer o mínimo) da *actuosa participatio* de que fala o Vaticano II".[4]

"Houve uma 'interrupção' não apenas na tradição acadêmica de examinar o Vaticano II" – constata Faggioli –, "mas também na nossa consciência eclesial. O catolicismo do Vaticano II ficou adormecido, enquanto as vozes anti-Vaticano II e reducionistas passaram a ser as mais expressivas na hierarquia".[5]

A ascensão das mídias sociais ajudou a alimentar um tradicionalismo pós-moderno, especialista em mídia e ressentido, que atua no enfraquecimento desse papado tanto por parte de leigos quanto por clérigos conservadores proeminentes – um esforço que começou poucos dias após a eleição de Francisco, em 2013.

Outro fator é como a nossa atual era de desintermediação afetou a experiência dos católicos, particularmente a nossa experiência da liturgia. Desde março de 2020, como já sinalizamos, a celebração da liturgia para muitos católicos ocorre por meio de uma tela de computador, ou de TV. Isso afeta o modo como vemos a ligação entre liturgia e eclesiologia.

A missa em tempos de Covid-19 aumentou a tendência de ressacralizar o sacerdócio católico: mais distância do altar e entre

---

4 FAGGIOLI, M. *Os limites do motu proprio Traditionis custodes*. Disponível em: https://www.ihu.unisinos.br/78-noticias/612635-os-limites-do-motu-proprio-traditionis-custodes-artigo-de-massimo-faggioli. Acesso em: 29 set. 2021.

5 Ibid.

os bancos, a impossibilidade do beijo da paz (que mesmo na Igreja primitiva ajudava a diferenciar entre uma compreensão do culto interna ao templo e a Igreja como comunhão) e uma drástica redução (senão redefinição) da participação ativa.

1. A Igreja como assembleia – povo de Deus

Estes últimos tempos e o que teremos pela frente não serão o tempo "depois" da emergência, nem mesmo o tempo "antes" da pandemia. Em todos os âmbitos da nossa vida, mesmo na sacramental, viveremos a partir do estilo que se vai gerando em nós e à nossa volta precisamente "através" da experiência das limitações e constrições devidas ao coronavírus. Sentimos a necessidade urgente e séria de discernimento, corajoso e criativo, para evitar dois excessos: a sacralização e a falta de "custódia dos mistérios". A proliferação de "missas transmitidas" pode representar um aumento no ministério sacramental para o benefício do povo de Deus, mas também um retorno sutil à sacralidade que afeta, em particular, o ministério ordenado. Paradoxalmente, uma louvável generosidade ministerial neste momento difícil e estimulante à criatividade do zelo pastoral pode ocultar ou servir de vetor para uma restauração da postura sacerdotal no sentido clerical e sacral. É importante estar atento aos excessos e às regressões e desvios, conforme eles surgem. Penso em particular no perigo de uma espécie de "ferocidade eucarística". É essencial reafirmar a unidade do mistério de Cristo e o fundamento da Encarnação na economia da salvação. Recomeçar pela Encarnação significa aprender a sempre recomeçar a partir da realidade apreendida na totalidade, na complexidade e mesmo na sua inevitável ambiguidade.

Com efeito, não basta reafirmar a importância, a centralidade, a excelência e a irrenunciabilidade da Eucaristia, se a sua celebração não é realmente capaz de gerar "comunidades eucarísticas". Os frutos da Eucaristia são comunidades nas quais crescem e amadurecem discípulos cujo testemunho é confiável, porque compreensível e apaixonado.

Como já afirmei, na busca de responder a uma emergência podemos criar problemas irreversíveis. Precisamos urgentemente harmonizar alguns conceitos e tendências para a nova primavera na Igreja. A Igreja, como assembleia litúrgica e povo de Deus, tem perdido espaço e vislumbra-se com maior evidência a categoria "corpo místico". Mas é importante ressaltar que a expressão "corpo místico", em períodos da história, ganhou um sentido político quando assumiu a missão de decidir a relação entre Igreja, mundo e história de maneira radical. Isso porque se faz uso do termo "absolutismo", rejeitando a democracia, instituindo na autoridade em vez de na liberdade, concebendo o povo de Deus como "rebanho" e a Igreja como sociedade perfeita.[6]

---

[6] Sobre esta questão, devemos levar em conta o impacto da teologia sobre a prática. Sabe-se que, entre os séculos XI e XIII, a reflexão sobre a Eucaristia deu origem a múltiplas e ferozes discussões teológicas. Duas maneiras de abordar a questão se opuseram: elas poderiam ser apresentadas com a oposição entre dois monges da Abadia de Corbie, Pascásio Radberto e Ratramo: uma teologia poderia ser definida como "simbólica" e, a outra, "dialética". A primeira, cujo antepassado poderia ser visto em Santo Agostinho, considera a Eucaristia na sua dinâmica de transformação do cristão, orientando a finalidade do sacramento para aquele cumprimento escatológico já alcançado por Cristo. A Eucaristia era chamada de *corpus mysticum*, que se poderia traduzir como "corpo de mistério", ligado ao corpo ressuscitado do Cristo e constitutivo do seu corpo eclesial. Esse modo de falar da Eucaristia encontra-se admiravelmente tratado nos comentários de Santo Agostinho sobre o capítulo VI de São João. Na Idade Média, como sabemos, isso levou alguns teólogos, especialmente Berengário de Tours, a subestimar o realismo da presença eucarística sob as espécies do pão e do vinho; sua condenação legítima a esse respeito contribuiu para o enfraquecimento dessa corrente simbólica. A segunda, que se pode correlacionar com certas fórmulas de Santo Ambrósio, no seu *De sacramentis/De mysteriis*, estava mais interessada na presença real do corpo e do sangue de Cristo, no pão e no vinho; ela estava mais espontaneamente em harmonia com o lado "racional" da reflexão escolástica.

Taborda, no livro *A Igreja e seus ministros*, nos mostra que a concepção de ministro centrada na vida e nas necessidades da comunidade eclesial predominou no primeiro milênio do cristianismo. Mas, pouco a pouco, a teologia e a prática pastoral se foram encaminhando para uma compreensão mais individualista do ministério que acabou predominando no segundo milênio.[7] O Vaticano II, voltando às raízes bíblicas e patrísticas da concepção de ministério ordenado, esboçou uma síntese que cabe ser consolidada na teologia e levada à prática no dia a dia da Igreja, mas que vem sendo também prejudicada hoje.

Na concepção pneumatológico-eclesial, a Igreja é logicamente anterior ao ministério e, assim, a partir da missão de presidir a comunidade decorrem as funções do ministro. Porque preside os irmãos e irmãs – para usar uma expressão de Justino –, preside também a assembleia fraterna reunida para ouvir a Palavra e celebrar o memorial da Páscoa do Senhor (Eucaristia).

Já na concepção cristológico-individualista do segundo milênio, o ministério é compreendido como *potestas*. Aqui não se leva em consideração as tentações próprias ao poder, especialmente ao poder absoluto. Por isso, o ministério não é mais visto como algo a ser exercido *na* Igreja, o povo de Deus investido da dignidade filial, irmanado em Jesus Cristo, ungido pelo Espírito Santo, mas *para* a Igreja, vista como massa dos fiéis que creem em Jesus Cristo e, por isso, podem e devem obedecer às autoridades por ele constituídas.

O que queremos mostrar é que o termo "corpo místico" pode ter, ao mesmo tempo, uma concepção teológica e uma concepção sociológica da Igreja, indicando, por um lado, a referência soberana da autoridade e, por outro, também, a dimensão sacramental, a qual,

7 Cf. TABORDA, F. *A Igreja e seus ministros*: uma teologia do ministério ordenado. São Paulo: Paulus, 2016, p. 107-133.

neste tempo de pandemia, tem prevalecido, quando um perfil institucional procurou fazer uma leitura do contágio, do confinamento, da distância, como perda de poder.

A assembleia litúrgica, assembleia do povo de Deus, tem sua centralidade na celebração litúrgica. É uma expressão mais antiga (do ponto de vista bíblico) e ao mesmo tempo moderna, uma vez que é fruto do Movimento Litúrgico e do Vaticano II. No entanto, aqui a pandemia não coloca em questão a autoridade da Igreja e sua soberania, mas sim retoma a sua linguagem mais delicada e primitiva, mais elementar e profunda. A impossibilidade de reunir a assembleia litúrgica se torna um grande limite para a experiência de comunhão eclesial.

Por isso, a crise atual reinventará o modo como celebramos a liturgia dominical, pois as pessoas ou querem mais comunidade, porque a perderam, ou exigem mais missas transmitidas ao vivo, por causa do distanciamento social.

Talvez as famílias que realmente rezaram em casa tenham experimentado aquilo de que precisam para viver uma vida litúrgica mais plena. Por outro lado, aqueles que foram com prazer assistir à missa *on-line* vão querer voltar à participação na missa dominical, sem compreender a diferença entre assistir à missa *on-line* ou assistir à missa na igreja.

2. As missas transmitidas

Nestes tempos de contenção do contágio e de restrições para enfrentar a pandemia, um dos elementos que marcaram profundamente a vida de cada fiel e das comunidades cristãs foi a impossibilidade, para muitos, de participar presencialmente da celebração da Eucaristia. Sem ter sido pensado ou mesmo programado, estamos testemunhando uma súbita *transmutação* de celebração da Eucaristia. O que era excepcional se tornou uma espécie de hábito recomendado: acompanhar a celebração através da mídia e, em particular, sua *transmissão.* Uma escolha feita, emergencialmente, pelo Papa Francisco, cuja celebração matinal na capela Santa Marta passou a ser transmitida diariamente e, em seguida, pelos bispos, que marcam encontro com os fiéis diante da tela, como também por alguns párocos e outros presbíteros. Para muitos, "ir à missa", na verdade, tornou-se "colocar-se na frente da tela", seja ela pequena ou grande, pessoal ou compartilhada com outras pessoas. Alguém me disse que, após a primeira dificuldade para renunciar à participação física na liturgia indo à igreja, está descobrindo a positividade dessa diferente modalidade, não tanto pela comodidade, mas pela concentração e qualidade da celebração, que, embora austera, é muito bem preparada e cuidada.

Muitos agora experimentam a possibilidade, dada, evidentemente, a ampla escolha de oportunidades, de poder escolher qual ou quais celebrações seguir: a missa mais universal, como aquela celebrada pelo Papa, a mais particular, como a Eucaristia celebrada pelo pároco, ou a mais ampla, no caso de bispos. Mas também há quem, finalmente, se sinta com mais liberdade e autorizado a "escolher" a liturgia que melhor corresponda à própria sensibilidade espiritual, tanto pela ritualidade como, sobretudo, pelo corte ideológico-espiritual da pregação. Lembremos ainda o alívio de alguns fiéis praticantes que, finalmente, conseguiram sentir-se "absolvidos" de algo que se lhes apresentava como um problema: a escolha de não celebrar a Eucaristia dominical em sua paróquia territorial, mas em áreas eletivas por afinidade espiritual, como são, frequentemente, os mosteiros, movimentos, comunidade de vida etc. Diante de todo esse panorama, a discussão dos teólogos e, em particular, dos liturgistas acendeu-se, com razão. Os pontos sobre os quais a inteligência teológica se sente compelida a não deixar o campo aberto são basicamente dois.[8]

O primeiro ponto tem caráter teológico: trata-se do sentido não apenas objetivo como também naturalmente intersubjetivo e, portanto, eclesial da celebração da Eucaristia, que, de certo modo, senão negado, ao menos se fragiliza quando se celebra sem convocar o povo de Deus. O que restava como possibilidade tornou-se normalidade por uma questão de saúde. É oportuno destacar o risco de que a situação particular criada pela pandemia se transforme em um retrocesso e conduza a sensibilidade e a prática de volta à postura pré-conciliar; quer dizer, a lenta passagem do *comer* ao se contentar em apenas *olhar* para a Eucaristia, talvez também por causa da própria indignidade de pecadores, que transformou a participação em simplesmente seguir os ritos, concentrando-se nas devoções pessoais. Esse processo, consolidado ao longo dos séculos, foi radicalmente contestado pelo Movimento Litúrgico e revertido em direção à reforma litúrgica do Concílio Vaticano II.

O segundo ponto diz respeito à modalidade de participação e a sua real "sacramentalidade" quanto à opção de *streaming*. Sobre este último ponto, Paolo Tomatis afirma:

> Quanto à participação de casa, embora o verbo participar seja impróprio, visto que a plena participação na vida sacramental só se dá pela presença real do fiel, com o próprio corpo, pode ser útil para favorecer uma participação efetiva do corpo na oração [...]. Do contrário, o risco é ir à missa como se estivesse na frente do seu

---

8 Cf. RIVISTA DI PASTORALE LITURGICA. Numero speciale (marzo 2020) pubblicato gratuitamente *on-line*. Disponível em: https://www.queriniana.it/libro/rivista-di-pastorale-liturgica-3307?fbclid=IwAR3CfpUeI4QtmtuYY3Q4ht2LyfK-GobPyl3YtO_klwpnSlhbOSVBKtn9htKc. Acesso em: 30 set. 2021.

> computador ou smartphone: fazendo outras coisas, cozinhando, batendo papo, limpando a casa, chateando. Somente com essas atenções e com a coragem de propor uma celebração "à espera da comunidade eucarística" como alternativa ou alternância à missa, essas iniciativas em tempo de vírus não se tornarão um vírus que infecte nossa prática ritual comum, à qual esperamos que retorne em breve.[9]

Compartilho a posição de Tomatis sobre o perigo de um "vírus litúrgico" começar a vagar imperturbável e, como sempre, correr o risco de infectar e infestar não só a prática ritual e sacramental como também a *mens* teológica, espiritual, pastoral e testemunhal. Pessoalmente, creio que a possibilidade de "acompanhar" a celebração da Eucaristia em sua totalidade, como acontece com as solenes liturgias papais, não é um dado adquirido. O fato de uma pessoa poder participar na celebração dos mistérios, mesmo no tempo tradicionalmente reservado aos "fiéis", enquanto faz *zapping* (clique) na sua televisão e se dedica às mais variadas atividades, não é automático.

Por isso, o Papa Francisco, preocupado com tal experiência, fala sobre a presença física. Ele afirmou em uma missa na capela Santa Marta: "Digo isto porque alguém me fez refletir sobre o perigo deste momento que vivemos, desta pandemia, que até nos fez comungar religiosamente através da mídia... Inclusive, nesta missa, somos todos comunicantes, espiritualmente unidos, mas não juntos".[10] É o perigo deste momento, como nos chamou a atenção Francisco.

---

9 TOMATIS, P. Celebrare l'Eucaristia in streaming. *Rivista di Pastorale Liturgica*, numero speciale (marzo 2020), p. 16.

10 PAPA FRANCISCO. *Familiaridade com o Senhor*. Homilia, sexta-feira, 17 de abril de 2020. Disponível em: https://www.vatican.va/content/francesco/pt/cotidie/2020/documents/papa-francesco-cotidie_20200417_lafamiliarita-conil-signore.html. Acesso em: 29 set. 2021.

Não temos dúvida de que ele estava ficando cada vez mais desconfortável com as missas *on-line*, as quais, como ele deve saber, algumas pessoas realmente preferem. "Vocês receberão o sacramento hoje", disse o Papa a sua pequena assembleia na capela. "Mas as pessoas que estão conectadas conosco (através da mídia), somente a comunhão espiritual. E essa não é a Igreja: essa é a Igreja de uma situação difícil, que o Senhor permite, mas o ideal da Igreja é sempre com o povo e com os sacramentos".[11] Novamente, nessa situação concreta, ele parece estar dizendo que a missa deve sempre ser celebrada com as pessoas fisicamente presentes.

Limitar as pessoas à comunhão espiritual não é a Igreja. Foi isso que Francisco disse: "A Igreja, os sacramentos, o povo de Deus são concretos. É verdade que, neste momento, devemos fazer essa familiaridade com o Senhor deste modo, mas (somente) para sair do túnel, não para ficar nele".[12] O túnel, evidentemente, é o coronavírus e todos os esforços de confinamento para impedir sua disseminação. Contudo, o Papa está obviamente ansioso, porque nem todos os católicos veem isso dessa maneira.

Francisco disse que um bispo lhe escreveu, furioso, reclamando quando soube que iria celebrar a Páscoa na Basílica de São Pedro vazia. Contou que não sabia, a princípio, o que havia acontecido com aquele bispo, que ele sabe ser um bom bispo, próximo do seu povo. "Depois eu entendi", afirmou Francisco. "Ele me dizia: 'Cuidado para não *viralizar* a Igreja, para não *viralizar* os sacramentos, para não *viralizar* o povo de Deus. A Igreja, os sacramentos, o povo de Deus são concretos'".[13]

---

11 Ibid.

12 Ibid.

13 Ibid.

Nós "viralizamos" algo – isto é, o tornamos viral – quando pegamos palavras escritas, sons e imagens (em movimento ou paradas) e os espalhamos, repetidamente, na mídia digital. O Papa parece querer dizer que isso não está funcionando muito bem para uma Igreja em oração, mesmo quando ela se esforça para atravessar o túnel chamado "Covid-19".

A Igreja doméstica não é apenas a Igreja da família em torno da mesa; também é a do padre solitário à sua mesa e dos grupos de padres em alguns presbitérios em torno da mesa deles. A missa *on-line*, na maioria das vezes, está nos dando uma visão da Igreja doméstica clerical. Na verdade, as missas *on-line* estão sendo usadas por uma variedade de razões bem-intencionadas, e muitas delas se baseiam na necessidade do clero de fazer alguma coisa.

As diretrizes vaticanas e episcopais incentivaram os padres a celebrar a missa sozinhos aos domingos. O padrão é o padre-clérigo, não o presbítero. Eu penso que alguns padres estão tornando a missa por conta própria o padrão, porque esse é o seu mundo doméstico, enquanto outros não estão celebrando a missa por conta própria porque, como um padre disse, "é estranho responder para mim mesmo: é apenas ritualismo".

O texto normativo oficial, ao descrever a experiência de celebração eucarística, nunca usa o termo "missa sem povo". O esquema usado pela *Instrução Geral do Missal Romano* (IGMR), na 3ª edição, fala em diferentes formas de celebração eucarística: missa com o povo, missa concelebrada e missa com a presença de apenas um ministro.

Aqueles que estão dizendo missa por conta própria, com ou sem transmissão ao vivo, sentem-se conectados a sua razão de ser. Onde os padres estão juntos nas casas paroquiais, a lógica pode ser diferente, mas o que fica claro em todos os casos é a ausência da assembleia de batizados.

O problema teológico significativo com a missa transmitida ao vivo é que assistir *on-line* não é participar da Eucaristia. As pessoas simplesmente estão vendo a missa ser dita. No entanto, muitos fiéis leigos dizem estar satisfeitos por poderem "ir à missa" *on-line*.

Mais profunda ainda é a questão do porquê um padre celebraria a missa por conta própria, mesmo em situações extraordinárias, se a presença da comunidade fosse entendida como um elemento constitutivo da liturgia. Se os padres podem celebrar tão facilmente a missa sem a presença dos leigos, isso significa que nossa configuração-padrão é anterior ao Concílio Vaticano II e nunca foi abandonada por nós. Trata-se de uma preferência pelas "cebolas do Egito" à luta do Êxodo.

A outra opção para os párocos seria sofrer a perda da missa dominical juntamente com o povo a quem eles servem. Deveria um pároco sofrer a perda da comunhão litúrgica e da participação eucarística junto com sua comunidade?

A liturgia é uma atividade de toda a comunidade. Quando a comunidade não se pode reunir, a liturgia não deveria ser celebrada. Não vejo nenhum endosso a essa decisão ou pensamento vindo do Vaticano. Eu acharia incrível se o Papa tivesse dito: "O povo não pode se reunir para o culto, então eu jejuarei com ele".

Precisamos recordar que não se pode dar um corpo como dom sem que outro corpo seja capaz de recebê-lo, não virtualmente, mas de fato. Isso vale na *lex vivendi*, portanto, não pode ser facilmente superado na *lex orandi* com uma operação de espiritualização que corre o risco de volatilizar a experiência sacramental. Como a *lex orandi* nos lembra todos os anos, na celebração da Ceia do Senhor, devemos sempre repartir dos pés para que as mãos do celebrante possam oferecer uma santa oblação. Celebrar a Eucaristia significa passar do triunfo do milagre, entendido como suspensão das leis da natureza, ao milagre de uma vida passada no serviço humilde e criativo. Por que, com a Páscoa da ceia, no gesto do lava-pés, Jesus quis reassumir todo o sentido de sua vida, para que permanecesse para sempre na lembrança dos discípulos seu gesto e para que um dia, quando pudessem entender, entendessem: "O que eu faço, você não o compreende agora, mas depois o compreenderá" (Jo 13,7). Esse gesto nos diz que toda a vida de Jesus, do começo ao fim, foi um lava-pés, isto é, um serviço aos irmãos.

Com as palavras: "Façam vocês também como eu tenho feito", Jesus institui o serviço e o põe como lei fundamental, ou melhor, como estilo de vida e modelo para a Igreja em todos os seus empreendimentos.[14]

2.1 O cuidado devido

Quanto à transmissão das liturgias pelos meios de comunicação e pela internet, prática criticada por alguns, é importante recordar as palavras do Papa Francisco, quando afirmou que "a imagem virtual não substitui a presença física"[15] e que "Jesus veio nos tocar em nossa carne"[16] e, portanto, "nenhuma transmissão virtual jamais substituirá a presença sacramental".[17]

Transmitir conteúdos contrários à liturgia da Igreja é levar as pessoas a uma errônea e distorcida experiência da fé, submetendo-a a

---

14 O Cristo que entrega a Eucaristia é o mesmo que dá seu corpo e derrama seu sangue por nós. No lava-pés, temos uma concretização eloquente dessa entrega de Jesus até o fim.

15 SARAH, R. *Carta do Cardeal Robert Sarah a respeito do culto católico nestes tempos de provações*. Disponível em: https://osaopaulo.org.br/outros/carta-do-cardeal-robert-sarah-a-respeito-do-culto-catolico-nestes-tempos-de-provacoes/. Acesso em: 30 set. 2021.

16 PAPA FRANCISCO. *Angelus*, domingo, 3 de janeiro de 2021. Disponível em: https://www.vatican.va/content/francesco/pt/angelus/2021/documents/papa-francesco_angelus_20210103.html. Acesso em: 29 set. 2021.

17 Ibid.

conceitos pessoais daqueles que deveriam ser guardiões e mestres da mesma (SC 14), pois a norma do orar determina a norma do crer. A fé é eclesial, e não subjetivista, e o presbítero, presidente da celebração, "deve estar lembrado de que ele é servidor da sagrada liturgia e de que não lhe é permitido, por própria conta, acrescentar, tirar ou mesmo mudar qualquer coisa na celebração da Missa" (IGMR 24).

Para completar essa estranha cena, recordo Dom Hernaldo,[18] quando fala das "criatividades selvagens":

> O prelado entrou com um presbítero assistente, nave adentro, munido de báculo, como pastor de seu *rebanho de papel*. A participação ativa, consciente e frutuosa dos fiéis por sua presença atuante na liturgia não é uma "brincadeira de papel", como canta certa música brasileira sobre Papai Noel. Ela é a expressão da força do Espírito que age na ritualidade da Igreja, precisamente, através de seus ritos e preces (SC 48), o que também nos levaria a questionar o conceito e a orientação de "participação espiritual", quando se fala de liturgia hoje.[19]

Padres adotaram a prática de, após sua missa, distribuir a comunhão eucarística a fiéis que fazem filas à porta das igrejas, mesmo que, segundo os "pastores", estejam tomando os cuidados higiênicos e sanitários exigidos pelas autoridades. Houve também a prática do *drive-through*, popularmente, *drive-thru* – através do carro. Esse é um método usado no mundo do consumismo capitalista para vender produtos a clientes que, confortavelmente, os adquirem sem sair de seus veículos. A comunhão eucarística tem sido tratada quase como um verdadeiro *fast-food* (comida rápida), fabricada e preparada para

---

[18] FARIAS, H. P. Eucaristia em tempos de pandemia: considerações de um pastor. *Revista Teopráxis*, Passo Fundo, v. 37, n. 129, p. 49-59, jul./dez. 2020.

[19] Ibid., p. 51.

não fazer o cliente esperar, recebendo-a no conforto de seus carros por causa da frenética correria da vida, mas agora também por causa do "cuidado" com a possibilidade de contágio do novo coronavírus. Aqui, não só a ritualidade da Igreja é vilipendiada como também, sobretudo, a Eucaristia é destituída de sua força de Ceia do Senhor, como alimento da vida eterna.[20]

Como já sinalizamos na introdução, diante da emergência sanitária e com a necessidade do "confinamento litúrgico", a resposta quase automática da Igreja foi promover mais transmissões de missa ou outras atividades de formação e oração via TV, rádio e internet. Realmente, na grande maioria dos casos, percebemos um enorme esforço, por parte de padres, religiosos/as ou leigos/as, diante de limitações tecnológicas várias, para que tais ambientes de encontro possam ser oferecidos e, assim, se consiga superar o isolamento e encurtar as distâncias.[21]

Diante disso, aponta Moisés Sbardelotto: "Um primeiro ponto a destacar é que, na internet, aquilo que é transmitido ao vivo geralmente fica disponível em rede para poder ser assistido novamente depois, a qualquer momento". No entanto, faz-se necessário destacar que, na ação litúrgica, o tempo é um elemento fundamental, ou seja, não existe *replay* da missa. Por exemplo, o *Diretório de Comunicação da Igreja no Brasil* esclarece vivamente esse ponto:

> Toda a liturgia, e, de modo particular, a Eucaristia, é o memorial da paixão, morte e ressurreição do Senhor, que celebra a unidade e a comunhão de uma Igreja viva. A transmissão por meios eletrônicos, rádio, TV ou internet, deve ser sempre ao vivo. Uma

---

20 Cf. FARIAS, H. P. Eucaristia em tempos de pandemia, op. cit., p. 52.

21 SBARDELOTTO, M. *A (re)descoberta eclesial do ambiente digital*: entre luzes e sombras. Disponível em: https://www.ihu.unisinos.br/78-noticias/597585-a-re-descoberta-eclesial-do-ambiente-digital. Acesso em: 30 set. 2021.

transmissão gravada, embora possua características evangelizadoras legítimas, não possibilita o vínculo entre a comunidade que participa da celebração presencialmente e quem a ela assiste à distância.[22]

Esclarece ainda Sbardelotto: "As potencialidades do digital, portanto, podem trazer consigo alguns riscos para a vida de fé. Como, por exemplo, o de fomentarem um certo automatismo e simplismo das respostas pastorais diante de um cenário sem precedentes como o atual".[23] Desse modo, naquele velho desejo de responder imediatamente a uma emergência pastoral-espiritual, com a decisão de transmitir celebrações e ritos, pode-se correr "o risco de transformar a celebração da missa em um mero espetáculo, em uma 'encenação' a ser exibida".[24] E, mais ainda, chegar ao absurdo de esquecer que do outro lado da tela há uma pessoa, alguém que também é chamado a participar "ativa e efetivamente" da ação litúrgica, mesmo que à distância.

Concretamente, o risco é o de ignorar o "outro" em sua humanidade. Como afirma Sbardelotto, "busca-se uma conexão, mas evitando ou dispensando o contato".[25] Desse modo, a outra pessoa passa a ser considerada como mera "espectadora" apassivada, coisificada, como um "número" a mais a ser contabilizado pelos índices de audiência e de visualização.

Como hoje todos querem "causar" e "viralizar", muitos procuram aproveitar-se – negativamente – do momento inédito e também da atenção das pessoas conectadas para tentar "bombar" e "viralizar" nas redes. É possível encontrar muitos vídeos e subsídios religiosos

---

22 CNBB. *Diretório de Comunicação da Igreja no Brasil*. Brasília: CNBB, 2014, n. 100. Documentos da CNBB, 99.

23 SBARDELOTTO, M. *A (re)descoberta eclesial do ambiente digital*, op. cit.

24 Ibid.

25 Ibid.

circulando que, a bem da verdade, são autorreferenciais, chamando a atenção apenas para aquela pessoa, ou seja, para seus próprios autores, na busca e na tentativa unicamente de aumentar a visibilidade pessoal. Em meio a tudo isso, muitas vezes, vemos explicitar-se um "clericalismo midiático", ou ainda um "exibicionismo clericalista", em que toda a comunicação pastoral em rede gira em torno da figura do padre.

É importante lembrar que, nas celebrações transmitidas, cabe especialmente aos presbíteros tomarem consciência de que o que estão celebrando não é uma "missa privada". O Código de Direito Canônico (CDC), nesse sentido, deixa bem claro que "as ações litúrgicas não são ações privadas, mas celebrações da própria Igreja [...], ou seja, o povo santo".[26] Tampouco se trata apenas de um "monólogo encenado" diante das câmeras e performatizado única e exclusivamente pelo padre.

Diferentemente, a celebração da Eucaristia, como afirma a IGMR, é sempre uma "ação de toda a Igreja".[27] Trata-se, por isso, de um gesto comunitário, presidido pelo presbítero, mas concelebrado conjuntamente por todo o povo, por pessoas concretas, de carne e osso, que, no ambiente digital, estando "presentes" à distância, precisam ser levadas em consideração para poder "participar ativamente do rito", também de forma diferente.

Por conseguinte, muito mais do que um foco estreito na transmissão, faz-se necessário levar em conta o processo comunicacional e interacional que se pode estabelecer no ambiente digital. "Isso não significa menosprezar a qualidade técnica da transmissão; pelo contrário, ela é fundamental para auxiliar o fiel a vivenciar o rito e a experimentar a graça de Deus."[28] Todavia, é mais importante

---

26 CDC, cân. 837.

27 IGMR, n. 5.

28 Ibid.

possibilitar a construção de relações interpessoais em rede, e não simplesmente reunir "pessoas para ouvir" e "pessoas para ver" determinado programa. Mesmo sabendo que tem alguém "diante de mim" (neste caso, do outro lado da câmera e da tela), o foco na mera transmissão e em seus aspectos técnicos pode excluir, menosprezar e deixar de lado justamente a necessidade de se estabelecer em rede uma relação humanizada e humanizante com pessoas humanas.

Como bem sinalizou Francisco, "o panorama atual convida-nos, a todos nós, a investir nas relações, a afirmar – também na rede e através da rede – o caráter interpessoal da nossa humanidade".[29] Especialmente nestes tempos, à vista disso, é necessário ousadia e criatividade pastorais, porém, sempre voltadas para o bem do outro e da comunidade. É prudente, evidentemente, evitar os avanços tecnológicos se isso, por outro lado, significa retroceder teológica e eclesialmente, por falta de discernimento. Isso pode refletir no modo como aquilo que vem sendo transmitido é anunciado e enunciado.

Mesmo em momentos difíceis, como o atual, devido ao coronavírus, não foi cancelado o domingo, a Quaresma, o tríduo pascal nestes dois anos, porque não se pode restringir nem cancelar a nossa condição filial. Foi possível, e continua sendo, as reuniões ao redor da mesa nas casas e fazer a memória do Ceia do Senhor sem Eucaristia. Tem sido possível celebrar a Palavra de Deus e realizar um ágape fraterno como, na origem, fizeram muitos cristãos. O rito está aí, cumprindo seu papel de mediação, mesmo não sendo o mais apropriado para o domingo, que é o rito eucarístico. Como bem lembrou Márcio Pimentel: "Não podemos cancelar a convivialidade eucarística que o rito eucarístico tantas e tantas vezes criou

[29] PAPA FRANCISCO. *Mensagem do Papa Francisco para o LIII Dia Mundial das Comunicações Sociais*. Disponível em: https://www.vatican.va/content/francesco/pt/messages/communications/documents/papa-francesco_20190124_messaggio-comunicazioni-sociali.html. Acesso em: 29 set. 2021.

em nós. Portanto, devemos – ritualmente, sim, porque é necessário à fé – celebrar. Mas o façamos sem pôr em risco a saúde dos nossos irmãos e irmãs".[30]

Um cuidado que hoje devemos considerar é o do limite ao *streaming*. Percebemos que somos invadidos todo o tempo pela virtualidade dos computadores, smartphones, tablets...; recordemos apenas que a missa transmitida não substitui de forma nenhuma a participação à oração comunitária, porque não possibilita o verdadeiro *convivium*.

3. Um novo começo – nova esperança

Há quase dois anos, o que nos parecia um problema apenas de alguns lugares distantes, de repente, se tornou um problema inteiramente "nosso". Em muitas comunidades e também em alguns mosteiros não foi possível celebrar ou comungar nem mesmo na Páscoa. No entanto, permanece o fato de que em muitas partes do mundo, mesmo não muito distantes de nós, há cristãos que raramente e muito raramente têm a possibilidade da celebração eucarística. Em outros lugares, em contrapartida, há uma superabundância de celebrações, às vezes fora de um verdadeiro contexto comunitário. Se, por um lado, como foi dolorosamente recordado no Sínodo das Igrejas da Amazônia, há o desejo e a necessidade de que a Eucaristia alimente a vida de cada fiel e das comunidades, dinamizando sua fidelidade batismal, por outro, persistem formas "privadas" e "devocionais". Nesses casos, a experiência do sagrado prevalece sobre o caminho da santidade evangélica, cujo fruto característico e autenticador é a extrema compaixão e a solidariedade efetiva. Até agora, ninguém

[30] PIMENTEL, M. *A tentação de perder a mediação*. Disponível em: https://www.ihu.unisinos.br/78-noticias/597247-a-tentacao-de-perder-a-mediacao-artigo-de-marcio-pimentel. Acesso em: 29 set. 2021.

pensou, felizmente, em investir em um imenso repetidor digital de sinais e em uma ampla distribuição de ferramentas adequadas para o acesso à Eucaristia em *streaming*, na floresta amazônica. E talvez seja melhor que ninguém venha com esse devaneio!

Ainda não veio à mente de ninguém, com razão, para renunciar ou colocar entre parêntese aquele contato pessoal e corporal que permanece substancial, a fim de que a "transubstanciação" do pão e do vinho transforme a comunidade "em um só corpo e em um só espírito". Precisamente o tempo da pandemia, com as restrições que afetam fundamentalmente a relação entre os corpos vivos e sensíveis, deveria fazer-nos sentir ainda mais a necessidade de sermos integralmente uma unidade indissolúvel: corpo – alma – espírito. O desejo de comungar o Corpo e Sangue de Cristo implica a aceitação da inevitabilidade dos corpos que o assumem para se tornar um corpo místico vivo e verdadeiro. Essa prioridade representa aceitar o tempo de espera e retorno como aprendizagem e refinamento do desejo de ser reciprocamente restituídos ao contato dos corpos. Às vezes, a demora e a espera podem ser saudáveis e até providenciais diante de soluções apressadas e "arranjadas".

O sinal narrado pelo evangelista João continua a ser a chave para interpretar o gesto atestado pelos Sinópticos de forma primorosamente evangélica. O lava-pés autoriza a não subestimar, no que diz respeito ao gesto do pão e do vinho, o elemento de ruptura com os sacrifícios oferecidos no culto do templo de Jerusalém e igualmente nos cultos pagãos. O dom de uma presença na forma mais simples, doméstica e comum de pão e vinho não impõe uma Presença que é quase temível por sua força destrutiva, como aconteceu com a Arca do Testemunho (2Sm 6,6-7). Em vez disso, é uma questão de fazer-se presente do próprio Deus em nossa vida diária, para criar uma relação de presença. Essa presença desencadeia, por assim dizer, relações de caridade e solidariedade na lógica da Encarnação, entendida como o lugar supremo da lógica da divinização.[31]

A Eucaristia entendida, vivida e partilhada entre os discípulos do Crucificado-Ressuscitado atinge o sentido mais elevado na sua entrega desarmada e desarmante. No sinal eucarístico, a evidência se reduz a quase nada como um pedaço de pão e um gole de vinho, para dar lugar à acolhida gratuita e amorosa do tudo-doado que, embora significado, não se reduz ao sinal, mas o transcende. A veneração e a adoração, por aquilo que se impõe com a força do *sacrum* e do *fascinans*, devem deixar-se evangelizar continuamente para se tornar, também sacramentalmente, expressão de um amor doado em excesso. Depois de séculos de insistência na realidade quase prepotente da "transubstanciação", essa realidade interpretativa do mistério não deve certamente ser subestimada, mas necessariamente recompreendida para ser reapresentada de forma adequada. Com efeito, o quase-nada objetivo, em torno do qual se cria uma atenção de acolhimento e adoração, torna-se o lugar e a forma de vivenciar o Todo que se doa como "amor ferido".[32] Precisamente esse amor doado com tanta leveza, que pode permanecer invisível, cria lacunas de caridade, de cuidado, de compaixão, nas quais se adora a Presença de Deus, traçando as suas múltiplas presenças na carne da história. Poder-se-ia dizer que o "milagre eucarístico" para a vida, inteligência e testemunho da Igreja não é o da "evidência" objetiva, mas o da liberdade de reconhecer uma Presença que não se pode impor e quer confiar em nossas mãos. Cuidar dela, em excesso de sinais de amor, leva o crente ao seio da carne do Evangelho do Verbo feito

---

31 Isso porque a finalidade da Encarnação não é a humanização de Deus, mas a divinização do homem/humano; não porque o primeiro não seja possível a Deus, mas porque o segundo não é possível ao homem (sem Deus).

32 LAFONT, G. *Un cattolicesimo diverso*. Brasília: EDB, 2019, p. 73.

homem, que se faz, no sacramento, alimento da nossa humanidade a caminho do Reino. Como lembra Ghislain,

> o sacramento da Eucaristia não parece estar em primeiro lugar na economia da fé. Para a humanidade, trata-se de fazer a Deus um sacrifício espiritual, que consiste inteiramente na prática da caridade: a Deus, a si mesmo, ao próximo. Sacrifício, na medida em que isso se realiza no movimento de dar, de pedir, de receber, que é o ritmo próprio do amor e implica uma feliz renúncia. Esse sacrifício só pode ser participação no sacrifício perfeito oferecido a Deus por Cristo na cruz, aceito através da ressurreição, continuado nos céus onde vive o Cordeiro imolado. É espiritual, porque só o dom do Espírito permite viver esse sacrifício e fazer dos homens e mulheres um sacerdócio real, eco do de Cristo. De modo invisível, esse sacrifício espiritual também inclui cada homem e mulher e cada comunidade de boa vontade: todos aqueles que cedem ao impulso interior de viver pelos outros e por si mesmos.[33]

Precisamos compreender a Eucaristia como lugar de regeneração daquele "impulso interior" que leva a viver existencialmente o que se celebra sacramentalmente: a experiência de um dom que permite que a vida se torne dom não no sentido "religioso" de "sacrifício expiatório", mas de um excesso de amor que é suficiente em si e é recompensa em si mesmo. Apesar do que aconteceu no Concílio Vaticano II, com a reforma do rito da celebração dos vários sacramentos e, em particular, da Eucaristia, permanecem algumas questões por resolver. A recuperação da concelebração desejada pelo Concílio foi um passo importante para desviar radicalmente a atenção da "missa sacerdotal", que a comunidade "assiste" – de perto ou de longe –, à celebração da comunidade, da qual os próprios sacerdotes participam

[33] Ibid., p. 48.

como batizados, oferecendo seu serviço de presidência particular e insubstituível. Esse passo, de fundamental importância, requer um ulterior desenvolvimento, a fim de dar cada vez mais peso à preeminência e precedência da comunidade sobre o ministro ordenado para o serviço da mesma comunidade. Enquanto um presbítero se sentir não só no direito como também na obrigação de celebrar sozinho, mesmo sem comunidade, para cumprir uma devoção pessoal mais que ao próprio ministério ordenado para a vida sacramental de uma comunidade, a ambiguidade permanecerá intocada. Da mesma forma, devemos estar vigilantes para que a emergência sanitária, ao mesmo tempo que justifique uma celebração "sem povo" mas "para o povo", fique realmente no âmbito da exceção (*epichéia*). Isso implica a "faculdade" por parte dos fiéis, uma vez dispensados do preceito festivo, de escolher livremente colocar-se diante da tela, de retirar-se no "segredo" (Mt 6, 6) da sua própria câmara ou partilhar outra forma da oração na escuta e na partilha da Palavra.

O tempo da pandemia pode se tornar uma oportunidade de reflexão para restabelecer evangelicamente as convicções e as práticas. Não basta fazer todo o possível pela "salvação das almas", mas é necessário oferecer instrumentos rituais dotados de inteligência espiritual para que cada homem e cada mulher viva pessoalmente uma experiência de salvação, ainda que de modo singular. O risco de uma espécie de transmutação eucarística regressiva, favorecida pelo vírus do coronavírus, poderia tornar-se a ocasião para um incremento da sensibilidade sacramental.

Não se trata de relativizar a graça do sacramento, mas de torná-la eficaz de maneira mais existencialmente ampla e profunda, através da dilatação do coração. Assim, seremos verdadeiramente parte do que nos alimentamos, celebrando o mistério para tomar a forma de pão.

À guisa de conclusão

Um caminho que pode ajudar, como disse o Papa em sua mensagem aos participantes da 71ª Semana Litúrgica Nacional (Itália), a redescobrir a centralidade da liturgia na fé, uma centralidade que a pandemia colocou ainda mais à prova, é a Igreja "identificar e sugerir algumas linhas de pastoral litúrgica a oferecer às paróquias, a fim de que o domingo, a assembleia eucarística, os ministérios e o rito saiam daquela marginalidade na qual parecem precipitar inexoravelmente, e recuperem a centralidade na fé e na espiritualidade dos crentes".[34]

Desse modo, celebrar a liturgia significa convergir na unidade do Corpo de Cristo. Estamos no contexto da reflexão sobre a liturgia, ou seja, aquela dimensão da vida de fé que nos oferece a possibilidade de sermos a forma de Cristo que habita a história. O corpo que formamos, a Igreja, nunca é perfeito, pelo contrário, muitas vezes é atrofiado. No entanto, esse mesmo povo pode tornar-se o corpo pascal de Cristo através da Eucaristia, que cura todas as feridas, transformando-as em ocasião de ressurreição.

Deveria ficar claro para todos, agora que começamos a sair do isolamento físico: "Uma familiaridade com Cristo sem comunidade e sem pão, sem povo e sem sacramentos, é perigosa. Pode tornar-se uma familiaridade agnóstica",[35] isto é, aparente, sem consistência, sem vitalidade real. Tenhamos, por isso, cuidado em não nos acomodarmos ao sofá das transmissões das celebrações pela internet ou pela TV. "Cuidado para não viralizar a Igreja, os sacramentos, o povo de

---

[34] PAPA FRANCISCO. Recuperar a centralidade da liturgia na vida de fé: Mensagem para a 71ª Semana Nacional, em Cremona. *L'Osservatore Romano*, edição diária, 24 ago. 2021. Disponível em: https://www.osservatoreromano.va/pt/news/2021-08/por-034/recuperar-a-centralidade-da-liturgia-na-vida-de-fe.html. Acesso em: 29 set. 2021.

[35] PAPA FRANCISCO, *Familiaridade com o Senhor*, op. cit.

Deus. A Igreja, os sacramentos, o povo de Deus… são concretos",[36] são matéria, são para gente de carne e osso. Logo que for possível, voltemos a celebrar a Páscoa nas igrejas. Voltemos, com alegria, à comunidade, de corpo e alma, à mesa da Eucaristia.

E quero concluir com uma provocação para favorecer a nossa reflexão. No longo caminho que ainda precisamos percorrer na missão de fazer acontecer a reforma litúrgica, uma coisa ficou muito clara neste tempo de pandemia: muitos na Igreja ainda pensam e vivem com a mentalidade pré-conciliar. Por isso, no horizonte litúrgico e eclesial, poderíamos nos perguntar se esse "vírus" não é uma nova cepa de um "vírus" instalado há séculos no programa litúrgico-sacramental da Igreja, que estaria tentando eliminar um novo "vírus" que estava adormecido e que reapareceu agora?

O mencionado cuidado para não "viralizar" a Igreja (também) poderia ser (espero que não seja) um recurso gestado pelo "vírus" (hierárquico-clerical), todavia vigente no sistema. Nesse caso se trataria agora de tentar ponderar, discernir e decidir qual "vírus" é o menos prejudicial ou menos letal à saúde "espiritual" da Igreja. Quiçá seria preciso instalar ou reinstalar agora o programa original e o sempre novo: o "antivírus" do Evangelho puro e simples de Cristo Jesus. Esse "antivírus" é gratuito; é um antídoto extremamente eficaz. Mas, uma vez executado, elimina todos os outros "vírus" outrora instalados.

Referências bibliográficas

BERNARDO DI CHIARAVALLE. *Sermoni sul Cantico di cantici*, 83, 4.

BÍBLIA SAGRADA. Tradução oficial da CNBB. Brasília: Ed. CNBB, 2018.

CNBB. *As introduções gerais dos livros litúrgicos*. São Paulo: Paulus, 2003.

CNBB. *Diretório de Comunicação da Igreja no Brasil*. Brasília: CNBB, 2014, n. 100. Documentos da CNBB, 99.

36 Ibid.

CONGREGAÇÃO PARA O CULTO DIVINO E A DISCIPLINA DOS SACRAMENTOS. *Decreto: Em tempos de Covid-19*. Disponível em: https://www.vatican.va/roman_curia/congregations/ccdds/documents/rc_con_ccdds_doc_20200325_decreto-intempodicovid_po.html. Acesso em: Acesso em: 29 set. 2021.

CONGREGAÇÃO PARA O CULTO DIVINO E A DISCIPLINA DOS SACRAMENTOS. *Instrução Geral do Missal Romano e Introdução ao Lecionário*: texto oficial da Conferência Nacional dos Bispos do Brasil. Brasília: Ed. CNBB, 2021.

DOCUMENTOS DO CONCÍLIO ECUMÊNICO VATICANO II. Decreto *Inter Mirifica*: sobre os meios de comunicação social. 7. ed. São Paulo: Paulus, 2014.

DOCUMENTOS DO CONCÍLIO ECUMÊNICO VATICANO II. Constituição *Sacrosanctum Concilium*: sobre a Sagrada Liturgia. 7. ed. São Paulo: Paulus, 2014.

FAGGIOLI, M. *Os limites do motu proprio Traditionis custodes*. Disponível em: https://www.ihu.unisinos.br/78-noticias/612635-os-limites-do--motu-proprio-traditionis-custodes-artigo-de-massimo-faggioli. Acesso em: 29 set. 2021.

FARIAS, H. P. Eucaristia em tempos de pandemia: considerações de um pastor. *Revista Teopráxis*, Passo Fundo, v. 37, n. 129, p. 49-59, jul.-dez. 2020.

LAFONT, G. *Un cattolicesimo diverso*. Brasília: EDB, 2019.

PAPA FRANCISCO. *Angelus*, domingo, 3 de janeiro de 2021. Disponível em: https://www.vatican.va/content/francesco/pt/angelus/2021/documents/papa-francesco_angelus_20210103.html. Acesso em: 29 set. 2021.

PAPA FRANCISCO. *Familiaridade com o Senhor*. Homilia, sexta-feira, 17 de abril de 2020. Disponível em: https://www.vatican.va/content/francesco/pt/cotidie/2020/documents/papa-francesco-cotidie_20200417_lafamiliarita-conil-signore.html. Acesso em: 29 set. 2021.

PAPA FRANCISCO. *Mensagem do Papa Francisco para o LIII Dia Mundial das Comunicações Sociais*. Disponível em: https://www.vatican.va/content/francesco/pt/messages/communications/documents/papa-francesco_20190124_messaggio-comunicazioni-sociali.html. Acesso em: 29 set. 2021.

PAPA FRANCISCO. Recuperar a centralidade da liturgia na vida de fé: Mensagem para a 71ª Semana Nacional, em Cremona. *L'Osservatore Romano*, edição diária, 24 ago. 2021. Disponível em: https://www.osservatoreromano.va/pt/news/2021-08/por-034/recuperar-a-centralidade-da-liturgia-na-vida-de-fe.html. Acesso em: 29 set. 2021.

PIMENTEL, M. *A tentação de perder a mediação*. Disponível em: https://www.ihu.unisinos.br/78-noticias/597247-a-tentacao-de-perder-a-mediacao-artigo-de-marcio-pimentel. Acesso em: 29 set. 2021

RIVISTA DI PASTORALE LITURGICA. Numero speciale (marzo 2020) pubblicato gratuitamente on-line. Disponível em: https://www.queriniana.it/libro/rivista-di-pastorale-liturgica-3307?fbclid=IwAR3C-fpUeI4QtmtuYY3Q4ht2LyfKGobPyl3YtO_klwpnSlhbOSVBKt-n9htKc. Acesso em: 30 set. 2021.

SAGRADA CONGREGAÇÃO PARA O CULTO DIVINO. *A Sagrada Comunhão e o culto eucarístico fora da missa*. São Paulo: Paulus, 2000.

SAGRADA CONGREGAÇÃO PARA O CULTO DIVINO. *Cerimonial dos Bispos*. São Paulo: Paulus, 2001.

SAGRADA CONGREGAÇÃO PARA O CULTO DIVINO. *Liturgia das Horas*. São Paulo: Paulinas, 1995.

SAGRADA CONGREGAÇÃO PARA O CULTO DIVINO. *Missal Romano*. São Paulo: Paulinas, 1992.

SARAH, R. *Carta do Cardeal Robert Sarah a respeito do culto católico nestes tempos de provações*. Disponível em: https://osaopaulo.org.br/outros/carta-do-cardeal-robert-sarah-a-respeito-do-culto-catolico-nestes-tempos-de-provacoes/. Acesso em: 30 set. 2021.

SBARDELOTTO, M. *A (re)descoberta eclesial do ambiente digital*: entre luzes e sombras. Disponível em: https://www.ihu.unisinos.br/78-noticias/597585-a-re-descoberta-eclesial-do-ambiente-digital. Acesso em: 30 set. 2021.

SEMERARO, M. D. *O vírus de uma transmutação eucarística?* Disponível em: https://www.ihu.unisinos.br/78-noticias/597938-o-virus-de-uma-transmutacao-eucaristica-artigo-de-michael-davide-semeraro. Acesso em: 30 set. 2021.

TABORDA, F. *A Igreja e seus ministros*: uma teologia do ministério ordenado. São Paulo: Paulus, 2016.

TOMATIS, P. Celebrare l'Eucaristia in streaming. *Rivista di Pastorale Liturgica*, numero speciale (marzo 2020).

CAPÍTULO 6

A eclesiologia emergente da eucologia do Rito de Dedicação de Igreja e altar de 1977

Dom Jerônimo Pereira Silva, OSB

A abordagem de um texto litúrgico nos coloca diante de um testemunho da vida de fé da Igreja de determinado tempo. Ele é testemunha de uma Igreja concreta que se serve de diversos elementos para viver e expressar a fé. A liturgia cristã, enquanto se apresenta como ação divina que se manifesta no sinal/evento/celebração sacramental, tem no texto eucológico a expressão da sua teologia; ele é a forma orante da *lex credendi* da Igreja, e o livro que o encerra é influenciado pelo contexto histórico em que foi composto. Portanto, o estudo/análise de qualquer texto/livro litúrgico implica um prévio conhecimento do seu contexto geográfico e da sua história, porque ele contém "as palavras e os gestos com que uma cultura vê e exprime a ação divina".[1]

---

1 SCICOLONE, Ildebrando. Livros litúrgicos. In: SARTORE, Domenico; TRIACCA, Achille Maria (org.). *Dicionário de Liturgia*. 2. ed. São Paulo: Paulus, 1992, p. 684.

O *Ordo Dedicationis Ecclesiae et Altaris* (Rito e Ritual da Dedicação de Igreja e Altar – RDIA),[2] de 1977, é o resultado de uma história de várias etapas na qual se inscreve a mudança de mentalidade de uma Igreja. A riqueza que o Concílio Vaticano II trouxe consigo, sobretudo no que diz respeito à Igreja e ao seu papel no mundo, vê-se claramente nesse *Ordo*. Pode-se dizer que a profunda relação entre liturgia e eclesiologia é vivida nas celebrações, porque o ato litúrgico, qual objeto de estudo da ciência litúrgica, é a manifestação da Igreja em ato.[3] Precisamente, a *Prece da dedicação*, embora seja um elemento novo no RDIA, é um reflexo disso.

Nos nossos dias, desfrutamos a consciência de que, em cada celebração litúrgica, a comunidade dos fiéis se constitui e se manifesta como Igreja, fruto da identidade e da relação profunda que se tem com Cristo.[4] Já nos primórdios, a assembleia dos discípulos do Senhor se chamava *ecclesia*, a qual, convocada, se reunia em determinados lugares que se tornaram de particular importância para a

---

Cf. PALAZZO, Eric. *Histoire des livres liturgiques*: Le Moyen Age, des origines au XIIIe siècle. Paris: Beauchesne, 1993; NOCENT, Adrien. Os livros litúrgicos. In: MARSILI, Salvatore (org.). *Panorama histórico geral da liturgia*. São Paulo: Paulinas, 1987, p. 143-246. (Anámnesis 2).

2 Convém distinguir o rito, enquanto ação, "prática do modelo", do ritual, do livro litúrgico que registra as sequências do rito, ou o "modelo da prática". Cf. MAGGIANI, Silvano. Interpretare il libro liturgico. In: ASSOCIAZIONE PROFESSORI DI LITURGIA (org.). *Il mistero celebrato*: per una metodologia dello studio della liturgia: atti della XVII Settimana di Studio dell'Associazione Professori di Liturgia. Assisi, 28 agosto – 1 settembre 1988. Roma: CLV/Ed. Liturgiche, 1989, p. 157-192; ASSOCIAZIONE PROFESSORI DI LITURGIA (org.). Come leggere gli elementi costitutivi del libro liturgico. In: *Celebrare il Mistero di Cristo*. Roma: CLV/Ed. Liturgiche, 1993, v. I: La celebrazione: introduzione alla liturgia cristiana, p. 131-141.

3 Cf. MILITELLO, Cetina. *La Chiesa "il corpo crismato"*: trattato di eclesiología. Bologna: Edizioni Dehoniane di Bologna, 2003, p. 24. (Corso di teologia sistematica 7).

4 Cf. FLORES ARCAS, Juan Javier. *Los sacramentales*: bendiciones, exorcismos y dedicación de las iglesias. Barcelona: Centre de Pastoral Litúrgica, 2010, p. 285. (Biblioteca Litúrgica 38).

Igreja nascente, porque neles eram celebrados os divinos mistérios. Especialmente nos três primeiros séculos, esses espaços foram lentamente conhecidos como *domus dei* (casa de Deus), *dominicum* (lugar onde se reúnem os cristãos), *domus orationis* (casa de oração).[5]

Foi a repetição das reuniões que constituíram os edifícios de culto, dando lugar a uma identificação entre a assembleia e o local de encontro, que também passou a chamar-se "igreja".[6] Há, todavia, uma herança no termo "Igreja" que remonta à *qāhāl Yahweh* do Antigo Testamento, identificando com este termo a comunidade messiânica. Assim, a *ecclesia* é identificada com a assembleia em ato, uma assembleia que se reúne em um momento específico da história.[7]

Fato é que, quando nos deparamos com o RDIA, encontramo-nos diante de uma espécie de "rito de passagem", literalmente, "extra-ordinário", que não pertence à cotidianidade da vida da Igreja *in genere*, e ainda mais de uma Igreja particular.[8] Por se tratar de um rito pouco conhecido, o nosso estudo parte da sua história, analisando a gênese dos seus elementos e o seu percurso através das variadas tipologias dos livros litúrgicos das diversas épocas, até desembocar nos antecedentes imediatos do RDIA de 1977; depois procederemos à análise da *Prece de dedicação*, em que, finalmente, observarmos de perto as figuras eclesiológicas presentes na sua parte anamnética.

---

5 Cf. CHENGALIKAVIL, Luke. Dedicação da igreja e do altar. In: SCICOLONE, Ildebrando. *Os sacramentais e as bênçãos*. São Paulo: Paulinas, 1993, p. 78. (Anámnesis 7).

6 Cf. CALABUIG, Ignazio Maria. Il rito della dedicazione della chiesa. In: CHUPUNGCO, Anscar (org.). *Tempo e spazio liturgico*. Casale Monferrato: Piemme, 1998, p. 374. (Scientia Liturgica 5).

7 Cf. MILITELLO, Cetina. Teologia dello spazio liturgico, op. cit., p. 438.

8 Cf. TERRIN, Aldo Natale. *O rito*: antropologia e fenomenologia da ritualidade. São Paulo: Paulus, 2004, p. 34-49.

1. Os primórdios do rito de dedicação

Nos primeiros séculos da história do cristianismo, lugares dedicados unicamente à liturgia não existiam, pois os cristãos não tinham liberdade para construí-los, ao menos de forma monumental, e precisavam usar da criatividade para realizar as suas celebrações. Além disso, aos primeiros cristãos, era clara a ideia de culto espiritual, como o atesta São Paulo (cf. Rm 12,1); o fato de não ter nem templo, nem altar, nem imagens, nem vítimas sacrificais, mais tarde, no confronto com os pagãos, era quase motivo de orgulho.[9]

Jesus, embora considerando o templo de Jerusalém "casa de Deus" (cf. Mt 21,13), "casa de oração" (cf. Mc 11,17), e tendo uma particular relação com a sinagoga (cf. Mt 4,23; Mc 1,38-39; Lc 4,16; Jo 5,59), predispôs os seus a superar o culto que se fazia no templo hierosolimitano, convidando-os a um novo culto em espírito e verdade (cf. Jo 4,20-24). Tal culto seria a prova de que Deus veio ao encontro do seu povo, que era desejo seu reunir-se e habitar no meio do seu povo, através do mistério da Encarnação, como atesta São João (Jo 1,14). Essa leitura ajudava os primeiros crentes a compreender o valor e a importância da pessoa convocada, iniciada, batizada e crismada, que, na sua inteireza do ser, se tornava uma pedra viva na

---

[9] Na última parte do século II ou início do III, o apologista Minúcio Félix escreveu: "Vós pensais que nós queremos esconder aquilo que adoramos por não termos templos nem altares. Qual imagem poderíamos pensar em honra de Deus, se, refletindo bem, o próprio homem é a Sua imagem? Mas que templo poderia eu construir a Deus se o mundo inteiro, obra de suas mãos, não o pode conter?... Não seria melhor dedicar-lhe um templo no espírito e no fundo do coração? [...] Vítima agradável é um espírito reto, um coração puro, uma alma sincera. Portanto, praticar a virtude é invocar a Deus; cultivar a justiça é oferecer sacrifícios a Deus; abster-se da fraude é fazer-se propício a Deus; resgatar um homem do perigo é imolar a Deus uma vítima agradável. São estes os nossos sacrifícios. É este o culto que nós prestamos a Deus, e, para nós, é mais religioso aquele que é mais justo" (MINÚCIO FÉLIX. *Octavius*, 32. Vindobonae: Academia Litterarum Caesareae Vindobonensis, 1867, p. 45-46. [*Corpus Scriptorum Ecclesiasticorum Latinorum* 2]).

construção do verdadeiro templo de Deus, o Corpo de Cristo (cf. Jo 2,19.21), cabeça e membros (a Igreja; cf. Cl 1,18; 1Cor 12,27), como o define São Pedro (1Pd 2,5). Esse edifício espiritual é a Igreja; "A Igreja é 'o templo de Deus' porque, pelo poder da fé e do batismo, o Espírito de Deus habita nos cristãos".[10] É o acontecimento de Pentecostes que marca essa compreensão do ser cristão (cf. 1Cor 3,16-17). Quando, no ano 70 d.C., o templo de Jerusalém foi destruído, a raiz das igrejas judeo-cristãs foi como que arrancada e enfraqueceu-se até ao ponto de não ser mais possível uma identificação, assinalando uma fase de transição do cristianismo e de sua difusão pelos centros urbanos distantes da Palestina, como Antioquia, Edessa, Éfeso e, sobretudo, Roma.[11]

Por outro lado, dedicar um espaço à divindade, para assinalar seu encontro relacional com a humanidade, é usado desde tempos remotos. Toda a Bíblia é uma história de salvação que narra esse encontro/relação entre Deus e os homens, desde o Gênesis, quando Deus se manifestou a Abraão prometendo-lhe a terra por herança à sua posteridade, e este lhe respondeu construindo um altar em sinal dessa manifestação (cf. Gn 12,6-7), até ao Apocalipse, onde Jesus se revela como o Santuário, a morada de Deus entre os homens (cf. Ap 21,22).

Decorrente disso, os cristãos celebravam a Eucaristia e os outros ritos cristãos, ouviam a pregação apostólica e praticavam o serviço da caridade em espaços domésticos (cf. At 2,46). Os tempos de longa e boa paz que o cristianismo nascente teve sob o reinado do imperador Lúcio Aurélio Cômodo (180-192) e da dinastia Severa (193-235) consentiram um notável alargamento da base social da

---

10 CALABUIG, Ignazio Maria. Il rito della dedicazione della chiesa, op. cit., p. 377.

11 Cf. SINISCALCO, Paolo. *Il cammino di Cristo nell'impero romano.* Roma/Bari: Laterza, 2007, p. 28.

comunidade, com membros de proveniência da classe média e da pequena burguesia, conforme atesta Eusébio: "A palavra da salvação conduzia as almas do gênero humano ao culto piedoso do Deus do universo, a tal ponto que já um grande número dentre os romanos mais importantes pela riqueza e pelo nascimento procuravam a salvação com toda a sua casa e toda a sua família".[12]

O fato de as comunidades se tornarem liturgicamente mais bem estruturadas, mais numerosas, economicamente mais distintas e menos preocupadas com os problemas relativos à sua "visibilidade", fez com que, lentamente, se observasse o movimento de passagem da *Domus ecclesia* (casa-igreja) à *Domus Ecclesiae* (casa *da* Igreja). Esta última era um lugar mais amplo que os habituais, predisposto de maneira estável para o culto oficial de uma comunidade mais numerosa,[13] com espaços e mobiliário litúrgico formalizados e que, paulatinamente, tendem a designar o espaço do cumprimento na fé, manifestada nos ritos, do que fora ordenado pelo Senhor.[14]

Dois exemplos importantes são: a *domus ecclesiae*, de Dura-Europos (Síria), construída por volta do ano 232, usada pela comunidade cristã por cerca de vinte anos e destruída pelos persas em 256; essa *domus* apresenta uma iconografia tipológica batismal, como testemunho de um espaço da primeira geração de locais de culto;[15] e a

---

12 EUSÉBIO DE CESAREIA. *História eclesiástica*, V, 21,1. São Paulo: Paulus, 2000, p. 265-266. (Patrística 15).

13 "Como ainda descrever as inúmeras assembleias e a multidão das reuniões em cada cidade e os notáveis concursos de povo nas casas de oração?" (EUSÉBIO DE CESAREIA. *História eclesiástica*, op. cit., VIII, 1,5, p. 398).

14 Cf. FLORES ARCAS, Juan Javier. *Los sacramnetales...*, op. cit., p. 285.

15 A *domus* tem uma planta que faz distinção entre a sala de oração e a sala da ceia. Na sala de oração encontra-se a fonte batismal, com paredes afrescadas com imagens do Bom Pastor, de Adão e Eva, de Pedro salvo quando afundava no lago Tiberíades, da cura do paralítico de Cafarnaum, das mulheres no sepulcro do Senhor e da samaritana. Cf. BAGATTI, Bellarmino. Dura-Europos. In: DI BERNARDINO, Angelo (org.).

domus Petri (casa de Pedro), em Cafarnaum, santificada pela presença constante do Senhor, que se tornou muito cedo um lugar de reunião da comunidade cristã de proveniência judaica.[16]

Com o advento da paz constantiniana de 313, depois de longo período de dez anos da perseguição de Diocleciano (303-313), a Igreja, encontrando-se mutilada no corpo dos seus membros e profundamente marcada pelo clima de perseguição e morte, se vê ressuscitar como que das cinzas, refazendo a experiência do seu Senhor. Por todo o império gritos de júbilo e de alegria se faziam ecoar, especialmente pela possibilidade de a Eucaristia ser celebrada em lugares públicos seguros.[17] Por todo o império viu-se um pulular de esplêndidas basílicas, igrejas erguidas com as insígnias cristãs, e a sua festa de dedicação era a alegria de todo o povo. Uma verdadeira festa popular.

O primeiro problema que se apresentou versava sobre a forma de arquitetura que teriam esses lugares para a comunidade; certamente, teve-se o cuidado de não serem como o templo de Jerusalém, nem como as sinagogas ou os templos pagãos; o modelo para sua inspiração foi a basílica forense, que era uma espécie de edifício civil com amplos espaços para a assembleia.[18] Tais basílicas derivavam dos

---

Dicionário Patrístico e de Antiguidade cristã. Petrópolis: Vozes; São Paulo: Paulus, 2002, p. 436; BROVELLI, Franco; SARTORE, Domenico. Lugares da celebração. In: SARTORE, Domenico; TRIACCA, Achille Maria (org.). *Dicionário de Liturgia*, op. cit., p. 695.

16 Cf. LOFFREDA, Stanislao. *Cafarnao*: la città di Gesù. Jerusalém: Franciscan Printing Press, 1981, p. 30.

17 "Para nós, que havíamos depositado nossas esperanças no Cristo de Deus, uma alegria indizível, uma felicidade celeste expandia-se para todos nas construções que pouco antes haviam sido derrubadas pela impiedade dos tiranos e de certo modo redivivas após longa e mortal devastação. Víamos os templos se erguerem novamente das ruínas a alturas indefinidas e receberem esplendor superior ao dos templos outrora destruídos" (EUSÉBIO DE CESAREIA. *História eclesiástica*, op. cit., X, 2,1, p. 467).

18 Cf. LICARDO, Giovanni. *Architettura e liturgia nella chiesa antica*. Milano: Skira, 2005, p. 51-62.

palácios reais da Pérsia. Eram grandes salas para as audiências do rei (*basileus*), geralmente com naves sustentadas por colunas, com abside em uma das extremidades e facilmente adaptável a qualquer tipo de assembleia. Esse modelo foi escolhido pela sua praticidade: a abside configurou-se como lugar perfeito para a cátedra do bispo e para o banco semicircular do presbitério; no começo da nave principal, instalou-se o *bema* com o ambão e, em Roma, o altar foi colocado nas imediações da abside, entre o clero e o povo.[19]

Eusébio de Cesareia dá o mais antigo testemunho da dedicação de uma igreja. Trata-se da consagração da catedral de Tiro, na atual região do Líbano, entre os anos 316 e 319, "um espetáculo desejado e almejado por todos":

> Festas de dedicações em cada cidade, consagrações de igrejas recém-construídas, assembleias de bispos congregados para idêntica finalidade, concurso de fiéis de longe e de toda a parte, sentimentos amigáveis de povo para povo, unidade dos membros do corpo de Cristo num todo harmônico. Unânimes, todas as idades, homens e mulheres, em plena intensidade de sentimentos, alegres de mente e espírito com orações e ações de graças glorificavam a Deus, autor dos bens. E cada um dos bispos presentes pronunciava sermões de festa, segundo a medida do próprio talento, para realçar a solenidade.[20]

A dedicação de uma igreja consistia, portanto, basicamente na celebração de uma Eucaristia solene, com uma ampla liturgia da Palavra, presidida pelo bispo local, circundado do seu clero e de uma multidão reunida e organizada ministerialmente (cantores,

---

[19] Cf. JOUNEL, Pierre. Lugares da celebração. In: SARTORE, Domenico; TRIACCA, Achille Maria (org.). *Dicionário de Liturgia*, op. cit., p. 696.

[20] EUSÉBIO DE CESAREIA. *História eclesiástica*, op. cit., X, 3,1.4, p. 468.

acólitos, diáconos, leitores, viúvas, virgens...), na presença dos bispos das circunvizinhanças.[21]

Tudo isso sem descurar a ideia que os cristãos tinham de ser eles próprios templos de Deus. Eusébio, no seu panegírico,[22] mostra claramente a ideia de que "o templo vivo do Deus vivo" é a comunidade dos fiéis. Esta é a primeira dedicação pública onde se celebrou apenas a Eucaristia.

Para as comunidades cristãs, celebrar a dedicação de sua igreja era motivo de júbilo e festa, porque se tratava de celebrar de forma visível e encarnada o que significava ser Igreja. A justificativa para a dedicação de uma igreja encontrava-se no mistério pascal de Cristo, que, por sua morte e ressurreição, nos faz templos de Deus, lugar privilegiado da adoração perfeita a Deus.

2. Elementos da dedicação de uma igreja nos primeiros séculos

A partir dos séculos IV-VII, vários elementos passaram a fazer parte do rito da dedicação da igreja. Sabe-se que, desde o início, tanto no Oriente como no Ocidente, a celebração da Eucaristia constituía o elemento essencial do rito de dedicação.[23] Mesmo por

---

[21] "Sim, era verdadeiramente perfeito o culto prestado pelos chefes eclesiásticos, os ritos sagrados dos sacerdotes e, na Igreja, celebrações dignas de Deus, ora pelo canto dos salmos, ou pela audição das palavras que Deus nos transmitiu, ora pela realização de liturgias divinas e místicas: símbolos inefáveis da paixão do Salvador" (EUSÉBIO DE CESAREIA. *História eclesiástica*, op. cit., X, 3,3, p. 468.

[22] Cf. EUSÉBIO DE CESAREIA. *História eclesiástica*, op. cit., X, 4, p. 469-491.

[23] "Nosso altar é maravilhoso porque, sendo verdadeiramente pedra por natureza, torna-se santo, porque recebe o corpo de Cristo" (JOÃO CRISÓSTOMO. *Homilias sobre a segunda carta aos coríntios*, XX, 15. São Paulo: Paulus, 2010, p. 869. (Patrística 27/2).

um longo período, em Roma, o rito de dedicação era unicamente a celebração da Eucaristia.[24]

O reconhecimento do valor do martírio na Igreja antiga manifestou-se pela construção de monumentos sobre os túmulos dos mártires. Estes eram considerados heróis da fé e o seu martírio associava-se ao sacrifício de Cristo, em perfeita imitação de sua paixão e entrega. De fato, "As atas dos mártires, como as de Policarpo de Esmirna, demostram que as testemunhas consideravam o seu martírio como imitação perfeita da paixão de Cristo".[25]

Já no século IV, à festiva e sóbria celebração da Eucaristia, suficiente para a dedicação de uma igreja, foi acrescida a deposição das relíquias dos mártires sob o altar. Para tanto, começou-se a fazer com que uma vigília noturna, que durava a noite inteira, precedesse à Eucaristia.[26] Santo Ambrósio (†397) foi o primeiro a compor um vínculo entre a trasladação de relíquias e a dedicação de uma igreja recentemente construída. Em Milão (386), na dedicação da basílica que erguera para a própria sepultura, fez o traslado solene dos restos dos santos Gervásio e Protásio. A deposição fora precedida de uma vigília no lugar de onde deveria vir a procissão em direção à basílica ambrosiana. O lugar fulcral que o altar assumia no centro da basílica refletia a centralidade de Cristo na assembleia litúrgica, da qual os mártires são os membros mais eminentes. A presença das relíquias aumentava a alegria da comunidade. Todavia, é verdade que depositar as relíquias dos mártires não tinha nenhum sentido de santificação do altar ou do local onde estavam depositadas.

---

24 Cf. CALABUIG, Ignazio Maria. Il rito della dedicazione della chiesa, op. cit., p. 381.

25 CHENGALIKAVIL, Luke. Dedicação da igreja e do altar, op. cit., p. 79.

26 JOUNEL, Pierre. Dedicação das igrejas e dos altares, In: SARTORE, Domenico; TRIACCA, Achille Maria (org.). *Dicionário de Liturgia*, op. cit., p. 287.

A reflexão teológica levou a Igreja, já na era patrística, a partir da alegoria paulina de Cristo pedra (1Cor 10,4), a reconhecer Cristo no altar.[27] O termo *Christus* quer dizer "ungido"; logo, a simbologia do altar-Cristo não sustentaria a sua valência teológica se esse não fosse literalmente ungido. Esse gesto de unção, que remete a Gênesis 28,18, nasceu no Oriente, no século IV. Testemunhado pela primeira vez por Santo Efrém, o Sírio (†373),[28] já no século V se apresentava como um rito bem definido do ponto de vista canônico e litúrgico, como atesta o Pseudo-Dionísio.[29] Esse rito foi introduzido pouco a pouco na Gália, até que os concílios locais de Agde (506) e de Epaone decretaram dois regulamentos sobre ele: o primeiro, que à unção se incorporasse uma "bênção sacerdotal";[30] e, o segundo, que apenas altares de pedra poderiam ser ungidos com santo crisma.[31] No Segundo Concílio de Sevilha, em 619, na Espanha, presidido por Santo Isidoro (†636), sublinhou-se que só aos bispos seria lícito constituir altares pela bênção ou unção.[32] Esse rito só entrou em Roma no século VIII.

---

27 "No sacrifício da cruz, ele (Cristo) mesmo é a vítima, o sacrifício, o sacerdote, o altar, ele o próprio Deus, o próprio homem, o próprio rei, o próprio pontífice, a própria ovelha, o próprio cordeiro" (EPIFÂNIO DE SALAMINA. *Panarium* II, I: Haeresis, 55. In: MIGNE, Jacques-Paul. *Patres Ægyptii*. Opera omnia. Paris: J.-P. Migne, 1863, col. 979. (Patrologiae Cursus Completus. Series Graeca 41).

28 "O óleo dá a unção aos altares, para que estes sustentem o sacrifício de reconciliação" (EFRÉM, Diácono. *Hino do óleo*, 14. In: CORDEIRO, José Leão. *Antologia litúrgica*: textos litúrgicos, patrísticos e canónicos do primeiro milénio. 2. ed. ver. e aument. Fátima: Secretariado Nacional de Liturgia, 2015, p. 448).

29 "Segundo as leis dos santos sacramentos, consagra-se o altar de Deus derramando azeite sobre ele" (PSEUDO-DIONÍSIO AREOPAGITA. A hierarquia eclesiástica, IV, 12. In: CORDEIRO, José Leão. *Antologia litúrgica*, op. cit., p. 1.288.

30 Cf. *Concilium Agathense*, 14. In: MUNIER, Charles. *Concilia Galliae a. 314-506*. Turnhout: Brepols, 1963, p. 200 (*Corpus Christianorum*. Series Latina 148).

31 Cf. *Concilium Epaonense*, 26. In: CLERCQ, Charles de. *Concilia Galliae a. 511-695*. Turnhout: Brepols, 1963, p. 30 (*Corpus Christianorum*. Series Latina 148A).

32 Cf. Concílio de Sevilha (619), 8. In: CORDEIRO, José Leão. *Antologia litúrgica*, op. cit., p. 1.580.

As abluções com água benta (exorcizada), elemento já conhecido tanto no judaísmo quanto no paganismo, começaram a fazer parte do rito no final do VI e início do século VII, no Oriente, na Gália e em Roma. Tanto a aspersão com água benta quanto a unção com crisma são elementos para a sacralização. A ablução significava o resgate e a purificação do objeto ou lugar da influência do maligno, especialmente quando na transformação de um templo pagão em igreja.[33]

Rito simples, mas muito solene, era a *aperitio ianuae* (abertura da porta), inspirado na entrada do Patriarca Eutíquio de Constantinopla (†582) na basílica de Santa Sofia, na noite santa de 24 de dezembro de 567, quando se concluíram os trabalhos do monumental edifício de culto. Com o Evangeliário na mão, circundado pelo povo, ao som do versículo "Levantai-vos, ó portas" (Sl 24,7.9), o Patriarca abriu, solenemente, a basílica à Igreja.

Uma vez abertas as portas, a primeira coisa que o bispo fazia era desenhar uma cruz em forma de "x" no chão e depois escrever com o báculo, sobre cinzas, o alfabeto grego e latino. Tal rito chamava-se *consignatio ecclesiae* (posse/entrega da igreja).[34] Estes elementos pouco a pouco se tornaram parte essencial da celebração da dedicação de uma igreja.

3. O testemunho das fontes

Gregório de Tours (†594) representa um importante testemunho da *práxis* galicana de dedicação no século VI, juntamente com o rito encontrado no *Sacramentário de Angoulême* (SE)[35] e no *Missale Francorum*; este último se configura como o primeiro testemunho

---

[33] Cf. CHENGALIKAVIL, Luke. Dedicação da igreja e do altar, op. cit., p. 80.

[34] Cf. CALABUIG, Ignazio Maria. Il rito della dedicazione della chiesa, op. cit., p. 386.

[35] Cf. SAINT-ROCH, Patrick (org.). *Liber Sacramentorvm Engolismensis*, 2019-2026. Turnhout: Brepols, 1987, p. 301-304. (*Corpus Christianorum*. Series Latina 159 C).

da criação de um rito de dedicação de igreja no rito galicano[36] e seus textos estão reproduzidos no sacramentário *Gelasianum Vetus* (GeV). Em Roma, no entanto, ainda durante o século VI, a dedicação era feita unicamente com a celebração eucarística. São os textos do GeV que nos indicam que, a partir do século VII, embora a celebração eucarística, em Roma, continuasse fundamental, dois novos elementos foram acrescentados a ela: a unção do altar e a oração de bênção sobre o altar, sobre todo espaço e sobre a assembleia.[37]

O desenvolvimento progressivo do rito em uma celebração exuberante e dramática ocorreu na igreja franco-germânica, entre os séculos VIII e XIII. No século VIII, três tipos de rituais foram desenvolvidos para a dedicação da igreja, o bizantino, o romano e o galicano. Este último se distinguia por ser muito elaborado, orientado para envolver todos os sentidos, com um grande número de gestos, orações extensas e um abundante uso de incenso.

No final do século VIII, no *Ordo Romanus XLI*, chamado *Ordo quomodo ecclesia debeat dedicari* (De que modo a igreja deve ser dedicada), em uma versão retocada do que estava contido no SE e no GeV, encontramos novos elementos no rito, como o uso de doze velas (OR XLI, 1);[38] a preparação da água lustral com sal, cinzas e vinho

36 Cf. MOHLBERG, Leo Cunibert (org.). *Missale Francorum*, 56-59. Roma: Herder, 1957, p. 17-18. (*Rerum Ecclesiasticarum Documenta*. Series Maior, Fontes 5).

37 Os formulários são: *LXXXVIII: Orationes et praeces ad missas in dedicacione basilicae nouae* [703-708]; *XC: Item alia missa* [709-714]; *XCI: Oraciones et praeces in dedicacione basilicae quae conditor non dedicata reliquid* [715-719]; *XCIII: Orationes et preces in dedicacione loci illius ubi prius fuit sinagoga* [724-729]. Cf. MOHLBERG, Leo Cunibert; EIZENHÖFER, Leo; SIFFRIN, Petrus (org.). *Liber Sacramentorum Romanae Aeclesiae Ordinis Anni Circuli* (*Sacramentarium Gelasianum*). 3. ed. Roma: 1981, p. 110-114. (*Rerum Ecclesiasticarum Documenta*. Series Maior, fonte 4).

38 "Primitus enim antequam pontifex introeat in ecclesia inluminantur XII candelae per circuitum ecclesiae et induunt se vestimentis sacris" (ANDRIEU, Michel [org.]. *Les Ordines Romani du Haut Moyen Âge*, v. IV. Louvain: Spicilegium Sarum Lovaniense, 1956, p. 339).

(OR XLI, 6-10), as aspersões do altar e das paredes (OR XLI, 11-17), além da incensação e das unções, tudo com um acompanhamento constante dos salmos (OR XLI, 18-26).

O *Ordo XLII In nomine Dei summi ordo quomodo in sancta romana ecclesia reliquae conduntur* (Em nome do sumo Deus. Ordinário do modo como na santa igreja romana se depositam as relíquias) atesta que, em meados do século VIII, o depósito das relíquias era feito antes da celebração eucarística.[39] Três porções do "corpo do Senhor" e três grãos de incenso eram acrescentados às relíquias (OR XLII 11).

Tais ritos assinalam um notável ambiente clerical e a necessidade de purificação para dedicar qualquer elemento utilizado no culto divino. De modo que: "A celebração da Eucaristia deixou de ser o rito próprio de consagração da nova igreja para se tornar uma espécie de 'missa inaugural' do novo edifício".[40]

Outra fonte importante é o *Ordo* do Pontifical Romano Germânico do século X (PRG),[41] que contém três formulários do rito de dedicação: *XXXIII: Ordo romanis ad dedicandam ecclesiam* (Ordinário romano para a dedicação da igreja), uma combinação dos *Ordines XLI* e *XLII*; *XXXV: Quid significant duodecim candelae* (O que significam as doze velas), uma explicação da celebração da dedicação; e o *XL: Ordo ad benedicendam ecclesiam* (Ordinário para a bênção da igreja), onde se pode constatar a inclinação ao gosto pela repetição, dramatização, abundância de luzes, aspersão, incensação e unção, com uma memória constante dos modelos do

[39] ANDRIEU, Michel (org.). *Les Ordines Romani du Haut Moyen Âge*, v. IV, Ordo XLII, p. 397-402.

[40] CALABUIG, Ignazio Maria. Il rito della dedicazione della chiesa, op. cit., p. 392-393.

[41] VOGEL, Cyrille (org.). *Le pontifical romano-germanique du dixième siècle*, v. I. Città del Vaticano: Biblioteca Apostolica Vaticana, 1963. (Studi e Testi 226).

Antigo Testamento.[42] Além de consagrar o altar, tudo o que era usado dentro do culto tinha que ser abençoado.

O PR do século XII, que é uma romanização do PRG, se caracteriza pela simplificação dos ritos e revisão dos textos eucológicos.[43] O PR do século XIII, que substituiu o anterior, caracterizava-se pela precisão nas rubricas e por um acentuado processo de sacralização por meio da introdução do tríplice sinal da cruz em muitas fórmulas.[44] O Pontifical de Guilhermo Durando (†1296), bispo de Mende, composto para seu uso pessoal, mas que teve grande impacto em Roma, em seu formulário *De ecclesie dedicatione* (Para a dedicação da igreja), apresenta uma série de novos elementos, entre eles, o canto do *Veni creator Spiritus*, imediatamente depois da entrada do bispo na igreja, e do *Veni Sancte Spiritus*, enquanto se queimava o incenso sobre o altar, elemento que se acreditava mais valorizado em relação a outros elementos estritamente consagratórios. Vê-se ainda nesse Pontifical a ênfase colocada em exorcizar todos os elementos antes de abençoá-los, como é o caso da água e do sal.[45]

4. Antecedentes imediatos do *RDIA* de 1977

Três "eventos" nos ajudam a compreender a estrutura do atual *RDIA*. Em primeiro lugar a publicação do *De ecclesiae dedicatione*

---

42 As respectivas páginas do PRG: 82-89.90-121.124-173.

43 Cf. ANDRIEU, Michel (org.). *Le Pontifical Romain au Moyen Âge*, v. I: *Le Pontifical Romain du XIIe siècle*, XVII. Città del Vaticano: Biblioteca Apostolica Vaticana, 1938, p. 176-195. (Studi e Testi 86).

44 Cf. ANDRIEU, Michel (org.). *Le Pontifical Romain au Moyen Âge*, v. II: *Le Pontifical Romain du XIIIe siècle*, XXIII. Città del Vaticano: Biblioteca Apostolica Vaticana, 1940, p. 421-440. (Studi e Testi 87).

45 Cf. ANDRIEU, Michel (org.). *Le Pontifical Romain au Moyen Âge*, v. III: *Le Pontifical de Guillaume Durand*, II. Città del Vaticano: Biblioteca Apostolica Vaticana, 1940, p. 455-478. (Studi e Testi 88).

seu consecratione (Rito de dedicação da igreja ou consagração) do PR de 1595-1596,[46] que se apresenta extremamente longo, tipicamente clerical e completamente separado da celebração eucarística, havendo momentos do rito em que o povo não podia participar. Uma rubrica assinalava como *ad libitum* a presidência da Eucaristia por parte do bispo.[47] O aspecto prolongado do rito e o cansaço de alguns bispos fizeram com que muitas igrejas, incluindo catedrais, não fossem dedicadas;[48] em segundo lugar, a publicação do PR de 1961 pelo papa João XXIII (†1963), com o *Ordo ad ecclesiam dedicandam et consacrandam* (Rito de dedicação da igreja e consagração),[49] que começava a distinguir entre dedicar e consagrar; e, no fim da Segunda Guerra Mundial, o terceiro evento, que, com a nececessária reconstrução de muitas igrejas, fez com que muitos bispos levantassem a voz pedindo uma simplificação do rito, desejosos de que todos os ritos de dedicação fossem realizados dentro da celebração eucarística.[50]

Em 1970, foi criado pelo *Consilium ad exsequendam Constitutionem de sacra Liturgia* um grupo de estudo (*Coetus a studiis XXI bis*) que se encarregaria de revisar e reformar o rito. O trabalho consistia em "fazer uma cuidadosa investigação teológica, histórica e pastoral, a fim de chegar a estabelecer quais sinais do Pontifical, amiúde veneráveis e sugestivos, poderiam ser conservados porque

---

46 Cf. SODI, Manlio; TRIACCA, Achille Maria (org.). *Pontificale romanum*. Editio princeps (1595-1596). Edizione anastatica. Città del Vaticano: Libreria Editrice Vaticana, 1997. (Monumenta Liturgica Concilii Tridentini 4).

47 Cf. ibid., 834, p. 441.

48 Cf. CHENGALIKAVIL, Luke. Dedicação da igreja e do altar, op. cit., p. 77.

49 Cf. SODI, Manlio; TONIOLO, Alessandro. *Pontificale Romanum. Ordo Ad Ecclesiam Dedicandam et Consecrandam*. Editio typica (1961-1962). Città del Vaticano: Libraria Editrice Vaticana, 2008, p. 177-240.

50 Cf. CHENGALIKAVIL, Luke. Dedicação da igreja e do altar, p. 77-78.

ainda significativos; qual estrutura dar à celebração; quais elementos novos inserir".[51]

Foram necessários anos de trabalho, revisão e consulta para se chegar, finalmente, à *editio typica* de 1977, composta de sete capítulos: (I) Rito da colocação da pedra fundamental ou do início da construção de uma igreja; (II) Dedicação de uma igreja; (III) Dedicação de uma igreja onde já se costuma celebrar os sagrados mistérios; (IV) Dedicação de um altar; (V) Bênção de uma igreja; (VI) Bênção de um altar; (VII) Bênção de cálice e de patena.[52]

Na Introdução (RDIA 1), encontra-se a base teológica fundamental do sentido da celebração: somos todos membros de Cristo, verdadeiro e perfeito templo da Nova Aliança, por ele constituídos como um só corpo diante de Deus, um povo santo constituído para adorá-lo.

Graças à reforma litúrgica, tem-se um progresso e, ao mesmo tempo, um retorno ao sentido primitivo da celebração da dedicação de uma igreja, tal como era nos primeiros séculos, sobretudo pela importância dada à Eucaristia. Porque a Eucaristia está e deve ser sempre o centro da Igreja, justifica-se e faz sentido dedicar um espaço para a assembleia que para ela se reúne. De fato: "A celebração da Eucaristia é o rito principal e o único indispensável para a dedicação da igreja" (RDIA 15).

Já não se enfatiza a necessidade de purificar e santificar tudo, pois é a Eucaristia que, ao mesmo tempo, manifesta o propósito para

---

51 BUGNINI, Anibale. *A reforma litúrgica (1948-1975)*. São Paulo: Paulus/Paulinas/Loyola, 2018, p. 647.

52 PONTIFICALE ROMANUM ex decreto Sacrosancti Oecumenici Concilii Vaticani II instauratum auctoritate Pauli P. VI promulgatum. Ordo Dedicationis Ecclesiae et Altaris. Editio typica. Città del Vaticano: Typis Polyglottis Vaticanis, 1977 (cf. Dedicação de igreja e de altar. In: *Pontifical Romano*. Tradução portuguesa para o Brasil das edições típicas. São Paulo: Paulus 2000, p. 417-522).

o qual a igreja e o altar foram construídos; quando celebrada, santifica a igreja e o altar.[53] A comunidade que se reúne para celebrar a Eucaristia é identificada com dois termos que ajudam a compreender melhor a realidade do que é a Igreja: *signum* e *imago*, sinal visível da Igreja que peregrina na terra, a Igreja terrestre, mas ao mesmo tempo imagem da Igreja celestial (RDIA 2).

5. A oração de dedicação e seu conteúdo eclesiológico

O RDIA está estruturado em quatro sequências rituais: (1) A entrada na igreja, nas formas solenes e simples, onde se sobressaem os ritos da entrega e da aspersão da igreja; (2) A Liturgia da Palavra, com três leituras (sendo, obrigatoriamente, Ne 8,1-4a.5-6.8-10 a primeira, mesmo no Tempo Pascal), homilia e credo, que se diz sempre; (3) A Prece da dedicação e unção da igreja e do altar, com a Deposição das relíquias dos santos, a Prece da dedicação, a unção, incensação, revestimento e iluminação do altar; e (4) A Celebração da Eucaristia, quando se recorda que, para essa celebração, o prefácio para a oração eucarística está estreitamente ligado ao rito.

O RDIA está repleto de tradição ritual e eucológica. Classifica-se esta última em dois grupos que se diferenciam não só por sua extensão como também pelo significado e pela importância no rito.[54] Em primeiro lugar, a chamada eucologia maior, em que se enquadram a *Prece* (RDIA 62) e o prefácio da dedicação (RDIA 75); em segundo lugar, a eucologia menor: a oração da bênção da água lustral (RDIA 48), a oração conclusiva da aspersão (RDIA

53 Cf. CHENGALIKAVIL, Luke. Dedicação da igreja e do altar, op. cit., p. 79.

54 Cf. MATIAS, Augé. Eucologia. In: In: SARTORE, Domenico; TRIACCA, Achille Maria (org.). *Dicionário de Liturgia*, op. cit., p. 416.

50), as três orações presidenciais (RDIA 52.74.83), a oração para a crismação do altar e da igreja (RDIA 64), a oração da incensação (RDIA 66), a oração para a iluminação do altar e da igreja (RDIA 70) e a bênção solene (RDIA 84).

A intenção da *Prece* é expressar a vontade de dedicar a igreja a Deus para sempre e pedir a sua bênção sobre ela (cf. RDIA 15). A *Prece* é também um elemento dentro da celebração que ajuda a compreender e a preparar a celebração da Eucaristia, que é o rito supremo da dedicação da Igreja. Ela tem a função de abrir o desenvolvimento ritual que se celebra mais tarde.[55]

Uma das suas principais características é a riqueza teológica sobre a Igreja, um reflexo da tradição comum entre Oriente e Ocidente. Sendo o propósito da oração indicar claramente que a igreja é dedicada a Deus para sempre, os ritos são índices do que precisamente a palavra "dedicação" significa: uma doação do edifício à divindade. Ela também nos ajuda a compreender perfeitamente, dentro da celebração, o que é a Igreja.

Dentro do rito, a oração não tem nenhum sentido consecratória. Ela, como de resto toda a liturgia da Igreja, se expressa em duas direções, uma ascendente e outra descendente. Em um primeiro momento, todo o rito é realizado com ações humanas com a finalidade de dedicar o espaço a Deus e, em um segundo momento, pede-se que a santidade celeste inunde todo o espaço celebrativo e o altar. Na sua totalidade, a *Prece* é uma espécie de sequência em que o desejo da assembleia de dedicar aquele edifício a Deus é expresso de forma solenemente orante.[56] A sequência ritual na qual se insere a

---

55 Cf. NAVARRO, Ramón. *La dedicación de la Iglesia*: eclesiología de la celebración a lo largo de la historia. Barcelona: Centre de Pastoral Litúrgica, 2019, p. 218-219. (Biblioteca Litúrgica 58).

56 Cf. ibid., p. 220.

Prece não tem a finalidade de santificar o altar, as paredes, o "templo" material, mas é um momento para reavivar a consciência de que, como cristãos, somos verdadeiros templos de Deus e que é através dos sacramentos que a Santíssima Trindade está constantemente presente em nossas vidas.[57]

6. Origem da *Prece*, sua estrutura e as imagens da Igreja nela contidas

A *Prece* (RDIA 62), uma nova composição, articula-se segundo os clássicos modelos, tanto na estrutura quanto na terminologia. Ela substitui o "prefácio", de caráter tipicamente consagratório, que era usado antes, quando o bispo, de mãos estendidas, invocava a Deus com a finalidade de dedicar o lugar à memória de um santo.[58]

A riqueza eclesiológica da atual *Prece* parte da metáfora do edifício, sinal visível da Igreja, que exprime a intenção de consagrar um lugar como sinal sensível, a ser lugar de culto, de forma perpétua e exclusiva, da comunidade que está reunida para implorar que a graça de Deus seja derramada, a fim de que o espaço se torne digno para celebrar os mistérios divinos e manifestar plenamente uma Igreja que reza, que vive a misericórdia, a justiça e a vida evangélica.[59]

A *Prece* tem as características da eucologia romana e se estrutura em três partes: *anamnese*, *epiclese* e *intercessão*. Estas são as três partes

---

[57] Cf. CALABUIG, Ignazio Maria. Il rito della dedicazione della chiesa, op. cit., p. 413.

[58] SODI, Manlio; TONIOLO, Alessandro. *Pontificale Romanum*. Editio typica (1961-1962). Città del Vaticano: Libraria Editrice Vaticana, 2008, p. 177-240. (Monumenta Litrugica Piana 3).

Cf. CHENGALIKAVIL, Luke. Dedicação da igreja e do altar, op. cit., p. 191-193.

[59] Cf. CALABUIG, Ignazio Maria. Il rito della dedicazione della chiesa, op. cit., p. 414.

principais, introduzidas por uma *invocação* e finalizadas com uma *doxologia*. As três partes centrais são normalmente divididas em estrofes nas grandes orações de dedicação e consagração.

A *Prece* começa com uma *introdução* ou *invocação*, que tem por finalidade expressar a vontade da assembleia de dedicar a igreja a Deus e pedir a sua bênção:

> Deus, Santificador e Guia da vossa Igreja, com festivo precônio é-nos grato celebrar o vosso nome, porque, hoje, o povo fiel com rito solene deseja consagrar-vos[60] para sempre esta casa de oração, onde vos honra com amor, instrui-se pela palavra e se alimenta com os sacramentos.

Indicando a quem a *Prece* é direcionada, Deus Pai, invocando-o na sua relação com a Igreja, de Santificador e Guia, a *introdução* apresenta o protagonista do rito, o povo fiel exultante de alegria pela dedicação, e indica as três finalidades da casa que se quer dedicar: lugar para a veneração, recinto para a instrução por meio da Palavra que será lida nas celebrações litúrgicas e espaço onde as pessoas encontrarão alimento através dos sacramentos. A denominação "casa de oração" evoca a purificação do templo feita por Jesus (Mc 11,17; cf. Mt 21,13; Lc 19,46), com palavras que preanunciavam a difusão universal do culto messiânico (cf. Is 56,7).

Dividida em quatro estrofes, apresenta-se *a parte anamnética*, na qual a igreja é mostrada poeticamente por meio de imagens bíblicas. Não se pode ignorar o fato de que esse *Ordo* já inclui toda a rica reflexão eclesiológica que se forjou ao longo do século XX e que tem seu ápice no Concílio Vaticano II. A *Prece* procura iluminar o mistério da Igreja a partir do quanto indicado na LG 6:

60 Infelizmente, no Brasil, se traduz o verbo latino *dicare* por "consagrar".

No Antigo Testamento a revelação do Reino muitas vezes é proposta em figuras, do mesmo modo também agora a natureza íntima da Igreja nos é dada a conhecer por várias imagens tiradas quer da vida pastoril ou da agricultura, quer da construção ou também da família e do matrimônio, imagens que já se esboçam nos livros dos Profetas. Com efeito, a Igreja é um redil... (Jo 10,1-10). É também um rebanho do qual o próprio Deus predisse que seria o pastor (cf. Is 40,11; Ez 34,11ss.). [...] A Igreja é a lavoura ou o campo de Deus (1Cor 3,9) [...] a antiga oliveira [...] plantada pelo celeste Agricultor como uma vinha eleita (Mt 21,33-43 par.; Is 5,1ss.). A verdadeira videira é Cristo [...] nós, pela Igreja, permanecemos nele. [...] A Igreja é também [...] construção de Deus (1Cor 3,9) [...] construída pelos Apóstolos (1Cor 3,11) [...] casa de Deus (1Tm 3,15) [...] "morada de Deus-com-os-homens" (Ap 21,3) [...] templo santo [...] cidade santa, a nova Jerusalém [...]. "Jerusalém do alto" e "nossa mãe" (Gl 4,26; cf. Ap 12,17) [...] esposa imaculada do Cordeiro imaculado (Ap 19,7; 21,2.9; 22,17).[61]

A *Prece* usa tais imagens do cotidiano para explicar o mistério da Igreja. A mesma Constituição diz-nos mais tarde que Cristo, graças ao seu mistério pascal, fez do homem uma nova criatura e, com seu amor ilimitado, comunicou seu Espírito para nele formar misticamente o seu Corpo (LG 7). É pelo Batismo que alcançamos a identificação com Cristo. Não se pode absolutamente ignorar a importância da estreita relação que existe entre a Igreja e a Eucaristia. Quando a Igreja se reúne e celebra, manifesta-se como autêntica comunidade cultual: "A Igreja nunca cumpre o seu nome tão plenamente como quando, em um lugar preestabelecido, o povo de Deus se aproxima do seu pároco para a celebração eucarística".[62]

---

61 SACROSANCTUM CONCILIUM OECUMENICUM VATICANUM II. *Constitutio Dogmatica de Ecclesia Lumen gentium* (21 novembris 1964) 6. In: *Acta Apostolice Sedis* 57 (1965) p. 8.

62 MILITELLO, Cetina. *La Chiesa "il corpo crismato"*, op. cit., p. 192.

Inspirada, de alguma forma, no texto do prefácio ambrosiano do formulário *In Dedicatione Ecclesiae Maioris*,[63] a *anamnese* apresenta as figuras da Igreja e o mistério nela escondido. Aqui se destacam as imagens da Igreja Esposa de Cristo, vinha do Senhor, templo de Deus e Cidade edificada no alto, imagens que ressaltam o mistério da Igreja, que plasmam o edifício e nele se refletem.[64]

I estrofe	Este edifício faz vislumbrar o mistério da Igreja, que Cristo santificou com seu sangue, para apresentá-la a si mesmo qual *Esposa gloriosa*, Virgem deslumbrante pela integridade da fé, Mãe fecunda pela virtude do Espírito.

Em primeiro lugar, a Igreja é apresentada como *Esposa gloriosa*, evidenciando a relação entre a igreja de pedra e a Igreja viva. Descrever a Igreja como esposa não é apenas lhe dar um nome, como também remeter a uma realidade teológica, que descreve e explica a ação do Espírito Santo, pois é somente nessa dimensão que se entende a relação profunda que existe entre Cristo e a Igreja.[65] A alusão bíblica remete ao texto paulino de Ef 5,25-27.31-32: "Cristo amou a Igreja e se entregou por ela, para santificá-la, purificando-a pela água do batismo com a palavra, para apresentá-la a si mesmo toda *gloriosa*, sem mácula, sem ruga, sem qualquer outro defeito semelhante, mas santa e irrepreensível. [...] Por isso, o homem deixará pai e mãe e

---

63 Cf. CERIANI, Antonio Maria; RATTI, Achille; MAGISTRETTI, Marco. *Missale Ambrosianum, Duplex-Proprium de Tempore*. Puteobonellianae et typicae (1751-1902). Mediolani: R. Ghirlanda 1913, p. 401. (Dominica III Octobris).

64 Para um comentário bem articulado, cf. FERRARO, Giuseppe. *Cristo è l'altare*: liturgia di dedicazione della chiesa e dell'altare. Roma: Edizioni OCD, 2004, especialmente p. 86-126; TRUDU, Fabio. *"Hæc ædes mysterium adumbrat ecclesiae"*: immagini simboliche dell'Ecclesia nel rito di dedicazione della chiesa. Roma: CLV-Ed. Liturgiche, 2001.

65 Cf. MILITELLO, Cetina. La Chiesa "il corpo crismato", op. cit., p. 235.

se unirá à sua mulher, e os dois constituirão uma só carne. Esse mistério é grande, quero dizer, com referência a Cristo e à Igreja".[66]

Essa primeira estrofe retoma o tema muito difundido no AT do relacionamento matrimonial como símbolo da relação entre Deus e o seu povo, especialmente caro aos profetas (cf. Is 62,4-5; Os 1–3). Os profetas elaboram uma teologia da salvação utilizando categorias esponsais de tipo afetivo, de onde retiram um vocabulário bem característico: predileção, amor, fidelidade recíproca, intimidade etc., não tratando a aliança somente sob o seu aspecto jurídico. Em Jesus esse ensinamento profético encontra sua realização definitiva. Ele apresenta o tempo messiânico como uma realidade esponsal (cf. Mt 22,1-14; 25,1-13), na qual ele mesmo é o esposo (cf. Mt 19,15; Mc 2,19; Lc 5,34), de tal modo que a antiga aliança entre Deus e seu povo encontra sua realização plena e definitiva na relação entre Cristo e a Igreja, que tem na liturgia terrestre/celeste seu ponto culminante (cf. Ap 19,6-10; 21,2-6.9-10; 22,16-17.20).

É a autodoação de Cristo a purificar a Igreja por meio do sacramento do Batismo, como banho de regeneração (cf. Tt 3,5) e da palavra (Jo 15,3). Ao afirmar que Cristo santificou a Igreja com o seu sangue, a *Prece* remete à cena do calvário (cf. Jo 19,33-34), onde, além dos sacramentos do Batismo e da Eucaristia, indicados pelo sangue e pela água, atua o dom do Espírito Santo, "água que brota do seu seio" (cf. Jo 7,37-39), e o nascimento da Igreja, como nasceu

[66] A analogia se torna evidente quando os textos são lidos paralelamente:

Ef 5,27.31	Prece da dedicação
Para apresentá-la a si mesmo toda *gloriosa*... santa e irrepreensível.	*para apresentá-la a si mesmo* qual Esposa gloriosa que Cristo santificou com seu sangue.
Esse *mistério* é grande... com referência a Cristo e à *Igreja*.	Este edifício faz vislumbrar o *mistério* da *Igreja*.

Eva do lado de Adão adormecido. "Adão dorme – diz Santo Agostinho – para que nasça Eva. Cristo morre para que nasça a Igreja. Enquanto Adão dorme, Eva se forma do seu lado. Quando Cristo acaba de morrer, seu lado é aberto por uma lança, para que dali corram os sacramentos para formar a Igreja."[67] Essa mesma doutrina encontramos na bênção solene da profissão perpétua das religiosas (cf. PR, p. 392). Essa Esposa é chamada de "virgem" e "mãe": virgem pela integridade da fé, que guarda fielmente; mãe pela força fecunda do Espírito Santo, que lhe deu uma multidão de filhos.[68]

Nessa perspectiva da Igreja virgem e mãe se delineia a imagem da Bem-aventurada Virgem Maria, à qual, por primeiro, pertencem tais títulos. Segundo Santo Ambrósio, "Maria é, com toda razão, esposa e virgem, porque ela é imagem da Igreja que é sem mancha, mas também esposa. Concebeu-nos virginalmente por meio do Espírito Santo e virginalmente nos dá à luz".[69] O Concílio Vaticano II apresenta essa doutrina na constituição dogmática sobre a Igreja *Lumen Gentium* (64). Depois de apresentar Maria como modelo da Igreja virgem e mãe, ensina:

> Por sua vez, a Igreja [...] torna-se mãe, pois, pela pregação e pelo Batismo, gera para a vida nova e imortal os filhos concebidos do Espírito Santo e nascidos de Deus. Ela também é virgem que guarda íntegra e puramente a fé dada ao Esposo e imitando a Mãe de seu Senhor, pela virtude do Espírito Santo, conserva virginalmente uma fé íntegra, uma sólida esperança e uma sincera caridade.

---

[67] SANTO AGOSTINHO. *Commento al vangelo e alla prima lettera di San Giovanni*, IX, 10. Roma: Città Nuova, 1985, p. 323-325. (Nuova Biblioteca Agostiniana 24/1).

[68] Cf. PONTIFICAL ROMANO. Homilia do Rito da Consagração das Virgens. In: *Tradução portuguesa para o Brasil das edições típicas*. São Paulo: Paulus, 2000, p. 295.

[69] SANTO AMBRÓSIO. *Esposizione del vangelo secondo Luca*, II, 7. Opere esegetiche IX, I. Milano; Roma: Biblioteca Ambrosiana, 1979, p. 151.

II estrofe	Igreja santa, vinha eleita do Senhor, cujos ramos cobrem o mundo inteiro! Os seus sarmentos, sustentados pelo lenho, ela os eleva até o Reino dos céus.

A segunda figura que aparece é a da "Igreja santa, qual vinha", imagem importante para significar a unidade de Cristo com a sua Igreja. O tema da vinha e da videira percorre toda a Sagrada Escritura e está intimamente ligado ao tema do amor esponsal, da fecundidade e da alegria que brota do fruto da vinha. Deus mesmo se apresenta como esposo e vinhateiro, e o seu povo como a vinha que ele circunda de carinho e proteção (cf. Is 5,1-7; Ez 19,10-14; Sl 80,7-17). Jesus retoma o tema dizendo-se a verdadeira videira da agricultura do Pai (Jo 15,1), da qual flui a seiva que dá vida à Igreja (Jo 15,5). A Igreja, enxertada em Jesus, redime toda a história, tornando-se vinha fiel, sob o olhar de Deus (cf. Is 27,3-4), vinha fecunda como uma esposa (cf. Sl 128,3). "Nestas imagens bíblicas se inspira a *Prece*, prosseguindo com a admirável contemplação da videira que expande em todo o mundo seus ramos e eleva até o céu seus frutos, sustentados pela árvore da cruz."[70]

III estrofe	Igreja feliz, tabernáculo de Deus com o ser humano, templo santo, que se constrói com pedras vivas, firme sobre o fundamento dos Apóstolos, com Cristo Jesus, sua grande pedra angular.

A terceira estrofe se apresenta como uma bricolagem de textos bíblicos, cada um encabeçando uma linha temática que se entrelaça: o *tabernáculo* ou a *tenda* (Ap 21,3), o *templo* e as *pedras vivas* (Ef 2,20-21; 1Pd 2,4-5). O tema do tabernáculo é o da habitação de

70 FERRARO, Giuseppe. Il mistero della chiesa nella liturgia della dedicazione. In: *La civiltà cattolica* 133, v. III, quaderno 3171/3172-7/21 (1982) p. 258.

Deus em meio ao seu povo. Ele mesmo manda construir a tenda (cf. Ex 26) para significar a sua presença (cf. Zc 2,14; 8,8; Ez 37,27-28). Essa presença encontra sua plenitude em Jesus, o Verbo que armou a sua tenda entre os homens (Jo 114), no qual "habita corporalmente toda a plenitude da divindade" (Cl 2,9). A Igreja, pois, incorporada a Cristo, supera a figura veterotestamentária, porque se torna habitação de Deus e dos homens conjuntamente. A figura central, todavia, é a do *templo santo construído com pedras vivas.*

O templo veterotestamentário, apresentando-se como objeto de amor apaixonado (cf. Sl 25,8; 26,4; 28,9; 47,9), indicava a centralização do verdadeiro culto ao verdadeiro Deus (cf. Dt 12,5-6) e sinal da sua presença e manifestação (cf. Is 6,1-10). Jesus estabeleceu uma relação positiva com o templo, desde a sua infância na sua apresentação (Lc 2,22-39), quando foi encontrado por José e Maria (Lc 2,41-50), passando pela manifestação de seu zelo (cf. Mt 21,12-13), até à profecia sobre a sua destruição (cf. Mc 13,1-2). Todavia, no seu corpo, Jesus supera o templo da antiga Lei, apresentando-se "maior" do que ele (Mt 12,6) e identificando-se com o verdadeiro templo "destruído" pela morte e reedificado pela ressurreição gloriosa (cf. Jo 2,19.21). O Cristo Ressuscitado e Glorificado é o único templo, o único lugar no qual é concedido ao homem encontrar real e diretamente a Deus, adorá-lo e desfrutar da sua presença. Essa realidade é comunicada à Igreja enquanto corpo de Cristo (cf. 1Cor 3,16-17; 2Cor 6,16; Ef 2,21), porque os batizados são da mesma "matéria" que seu Senhor. Esse templo de *pedras vivas* é "edificado sobre o fundamento dos apóstolos e dos profetas, do qual Cristo Jesus é a pedra angular" (Ef 2,20).

IV estrofe	Igreja sublime, *Cidade construída no cimo do monte*, visível a todos, a todos radiosa, onde refulge perene a lâmpada do Cordeiro, e, delicioso, ressoa o cântico dos eleitos.

A última imagem é a da *cidade*, unida ao tema da luz e do canto. A Igreja, simbolizada pela imagem bíblica de Jerusalém, aparece toda engolfada em uma atmosfera de luz, que evoca a expressão de Mt 5,14-16:

> Vós sois a luz do mundo. Não se pode esconder *uma cidade situada sobre um monte*. Nem *se acende uma lâmpada* e se coloca debaixo do alqueire, mas *na luminária*, e assim ela brilha para todos os que estão em casa. Brilhe desse modo a vossa luz diante dos homens, para que, vendo as vossas boas obras, eles glorifiquem vosso Pai que está nos céus.

O que Jesus diz de cada batizado aplica-se à Igreja toda, cuja imagem arquitetônica de "cidade construída no cimo do monte" lhe é, admiravelmente, conveniente. Ela é prefigurada pela capital do povo eleito, no "monte santo, colina encantadora, a alegria de toda a terra" (Sl 47,2-3), e da qual se dizem coisas estupendas (Sl 86,1-3). A posição estratégica da construção sobre o monte confere à cidade uma função centrípeta e ao mesmo tempo centrífuga. Ela é a pátria de todos os povos que a ela acorrem de todas as partes do mundo para nela habitar em fraternidade, em um clima de paz e prosperidade, e para celebrar o encontro com o Altíssimo, porque "a glória do Senhor brilha sobre ela" e os "povos caminharão à sua luz", chamando-a de "cidade do Senhor", porque "o Senhor será a sua luz eterna" (cf. Is 60,1-3.5.14.19-20). A profecia isaiana tem seu cumprimento na nova Jerusalém descrita no Apocalipse (21,23-24; 22,3-5), do qual a *Prece* faz referência:

> A cidade não necessita de sol nem de lua para iluminar, porque a glória de Deus a ilumina, e a sua luz é o Cordeiro. As nações andarão à sua luz... no seu meio estará o trono de Deus e do Cordeiro... Já não haverá noite, nem se precisará da luz de lâmpada ou do sol, porque o Senhor Deus a iluminará.

Essa é "a cidade do Deus vivo, a Jerusalém celeste" (Hb 11,10), cidade iluminada, clara, visível a todos, luminosa e iluminante, na qual Jesus mesmo é luz: "Nele estava a vida e a vida era a luz dos homens [...] veio ao mundo a luz verdadeira que ilumina todo homem" (Jo 1,4.9); ele mesmo que disse: "Eu sou a luz do mundo" (Jo 8,12; cf. 9,5; 12,35.48). A aliança de Deus com a cidade é descrita em termos esponsais. A Igreja, nestes termos, é um caminho que conduz à Jerusalém celeste; as duas formam uma única cidade: uma é a conclusão da outra, que é o início.

À *anamnese* segue-se a *epiclese*, na qual o Senhor é invocado para que derrame a bênção celestial sobre a igreja e o altar:

> Suplicantes, pois, nós vos rogamos, Senhor: *dignai-vos inundar esta igreja e este altar com santidade celeste*; que sejam sempre lugar santo e mesa perenemente preparada para o sacrifício de Cristo.

Com essa súplica, pede-se ao Senhor a atualização no presente lugar, no presente edifício, de tudo aquilo que foi dito da Igreja anteriormente. Trata-se de uma súplica intensa. Não se menciona o Espírito Santo, mas a sua ação é significada pelo termo "santidade celeste" e pelo verbo "inundar": Deus santifica o homem e as coisas por meio do seu Espírito. O fim dessa ação santificante é a perene santidade da Igreja e a sempre atual disponibilidade do altar à celebração do sacrifício eucarístico de Cristo. Nesse momento, toda a Trindade se move como autora da salvação: o Pai, a quem é dirigida a *Prece*, o Espírito Santo, a quem se deve a santificação, e o Filho, para quem, no seu sacrifício eucarístico, a igreja e o altar são dedicados.

Depois de ter sido pedido a Deus a santificação do lugar e do altar, temos a *intercessão* ou súplica:

> Aqui, as ondas da graça divina sepultem os delitos, para que vossos filhos e filhas, ó Pai, mortos para o pecado, renasçam para a vida eterna. Aqui, ao redor da mesa do altar, celebrem vossos fiéis o Memorial da Páscoa e se alimentem no banquete da Palavra e do Corpo de Cristo. Aqui, como jubilosa oblação de louvor, ressoe a voz do gênero humano unida aos coros dos anjos e suba até vós a prece incessante pela salvação do mundo. Aqui, os pobres encontrem misericórdia, os oprimidos alcancem a verdadeira liberdade e todos sintam a dignidade de ser vossos filhos e filhas, até que, exultantes, cheguem à Jerusalém celeste.

Neste fragmento encontra-se uma lista de súplicas a Deus, que são, na verdade, efeitos da dedicação. Em primeiro lugar, fazendo referência ao sacramento do Batismo, pede-se que as ondas da sua graça sepultem os vícios e deem a vida eterna, segundo a doutrina paulina (cf. Rm 6,3-4.11). Na segunda súplica podemos ver claramente a referência ao sacramento do altar. Nela, pede-se que a Eucaristia, na unidade do culto (Liturgia da Palavra e Liturgia Eucarística), seja um meio de força para todos. Nessa passagem ressoa a voz do Concílio, que une a Palavra de Deus ao Corpo de Cristo: "A Igreja venerou sempre as divinas Escrituras como venera o próprio Corpo do Senhor, não deixando jamais, sobretudo na sagrada liturgia, de tomar e distribuir aos fiéis o pão da vida, quer da mesa da Palavra de Deus, quer da mesa do Corpo de Cristo" (DV 21). O terceiro pedido refere-se a um dos propósitos do homem para com Deus, ou seja, a adoração, o *sacrificium laudis*, e pede-se que o lugar que está sendo dedicado seja para todos espaço de preces de intercessão. O último apelo refere-se à caridade/misericórdia, para que seja um lugar onde os homens possam encontrá-la, mas sobretudo onde os homens vivam e experimentem a dignidade de serem filhos de Deus: "Aproximemo-nos, pois, confiadamente do trono da graça, a fim de alcançar misericórdia e achar a graça de um auxílio oportuno" (Hb 4,16).

A *Prece* conclui-se com uma *doxologia* final: "Por nosso Senhor Jesus Cristo, vosso Filho, na unidade do Espírito Santo".

Referências bibliográficas

ANDRIEU, Michel (org.). *Le Pontifical Romain au Moyen Âge*, v. I: *Le Pontifical Romain du XIIe siècle*. Città del Vaticano: Biblioteca Apostolica Vaticana, 1938. (Studi e Testi 86).

ANDRIEU, Michel (org.). *Le Pontifical Romain au Moyen Âge*, v. II: *Le Pontifical Romain du XIIIe siècle*. Città del Vaticano: Biblioteca Apostolica Vaticana, 1940, (Studi e Testi 87).

ANDRIEU, Michel (org.). *Le Pontifical Romain au Moyen Âge*, v. III: *Le Pontifical de Guillaume Durand*. Città del Vaticano: Biblioteca Apostolica Vaticana, 1940. (Studi e Testi 88).

ANDRIEU, Michel (org.). *Les Ordines Romani du Haut Moyen Âge*, v. IV. Louvain: Spicilegium Sarum Lovaniense, 1956.

ASSOCIAZIONE PROFESSORI DI LITURGIA (org.). Come leggere gli elementi costitutivi del libro liturgico. In: *Celebrare il Mistero di Cristo*. Roma: CLV/Ed. Liturgiche, 1993. v. I: La celebrazione: introduzione alla liturgia cristiana.

BAGATTI, Bellarmino. Dura-Europos. In: DI BERNARDINO, Angelo (org.). *Dicionário Patrístico e de Antiguidade cristã*. Petrópolis: Vozes; São Paulo: Paulus, 2002.

BUGNINI, Anibale. *A reforma litúrgica (1948-1975)*. São Paulo: Paulus/Paulinas/Loyola, 2018.

CALABUIG, Ignazio Maria. Il rito della dedicazione della chiesa. In: CHUPUNGCO, Anscar (org.). *Tempo e spazio liturgico*. Casale Monferrato: Piemme, 1998. (Scientia Liturgica 5).

CERIANI, Antonio Maria; RATTI, Achille; MAGISTRETTI, Marco. *Missale Ambrosianum, Duplex-Proprium de Tempore*. Puteobonellianae et typicae (1751-1902). Mediolani: R. Ghirlanda 1913. (Dominica III Octobris).

CHENGALIKAVIL, Luke. Dedicação da igreja e do altar. In: SCICOLONE, Ildebrando. *Os sacramentais e as bênçãos*. São Paulo: Paulinas, 1993. (Anámnesis 7).

CONCILIUM AGATHENSE. In: MUNIER, Charles. *Concilia Galliae a. 314-506*. Turnhout: Brepols, 1963. (*Corpus Christianorum*. Series Latina 148).

CONCILIUM EPAONENSE. In: CLERCQ, Charles de. *Concilia Galliae a. 511-695*. Turnhout: Brepols, 1963. (*Corpus Christianorum*. Series Latina 148A).

EFRÉM, Diácono. Hino do óleo, 14. In: CORDEIRO, José Leão. *Antologia litúrgica*: textos litúrgicos, patrísticos e canónicos do primeiro milénio. 2 ed. ver. e aument. Fátima: Secretariado Nacional de Liturgia, 2015.

EPIFÂNIO DE SALAMINA. Panarium II, I: Haeresis, 55. In: MIGNE, Jacques-Paul. *Patres Ægyptii*. Opera omnia. Paris: J.-P. Migne, 1863, col. 979. (Patrologiae Cursus Completus. Series Graeca 41).

EUSÉBIO DE CESAREIA. *História eclesiástica*, V, 21,1. São Paulo: Paulus, 2000. (Patrística 15).

FERRARO, Giuseppe. *Cristo è l'altare*: liturgia di dedicazione della chiesa e dell'altare. Roma: Edizioni OCD, 2004.

FERRARO, Giuseppe. Il mistero della chiesa nella liturgia della dedicazione. In: *La civiltà cattolica* 133, v. III, quaderno 3171/3172-7/21 (1982) p. 250-261.

FLORES ARCAS, Juan Javier. *Los sacramentales*: bendiciones, exorcismos y dedicación de las iglesias. Barcelona: Centre de Pastoral Litúrgica, 2010. (Biblioteca Litúrgica 38).

JOÃO CRISÓSTOMO. *Homilias sobre a segunda carta aos coríntios*, XX, 15. São Paulo: Paulus, 2010. (Patrística 27/2).

JOUNEL, Pierre. Dedicação das igrejas e dos altares. In: SARTORE, Domenico; TRIACCA, Achille Maria (org.). *Dicionário de Liturgia*. 2. ed. São Paulo: Paulus, 1992.

JOUNEL, Pierre. Lugares da celebração. In: SARTORE, Domenico; TRIACCA, Achille Maria (org.). *Dicionário de Liturgia*. 2. ed. São Paulo: Paulus, 1992.

LICARDO, Giovanni. *Architettura e liturgia nella chiesa antica*. Milano: Skira, 2005.

LOFFREDA, Stanislao. *Cafarnao*: la città di Gesù. Jerusalém: Franciscan Printing Press, 1981.

MAGGIANI, Silvano. Interpretare il libro liturgico. In: ASSOCIAZIONE PROFESSORI DI LITURGIA (org.). *Il mistero celebrato*: per una metodologia dello studio della liturgia: atti della XVII Settimana di Studio dell'Associazione Professori di Liturgia. Assisi, 28 agosto – 1 settembre 1988. Roma: CLV/Ed. Liturgiche, 1989.

MATIAS, Augé. Eucologia. In: SARTORE, Domenico; TRIACCA, Achille Maria (org.). *Dicionário de Liturgia*. 2. ed. São Paulo: Paulus, 1992.

MILITELLO, Cetina. *La Chiesa "il corpo crismato"*: trattato di eclesiología. Bologna: Edizioni Dehoniane di Bologna, 2003. (Corso di teologia sistematica 7).

MILITELLO, Cetina. Teologia dello spazio liturgico. In: CHUPUNGCO, Anscar (org.). *Tempo e spazio liturgico*. Casale Monferrato: Piemme, 1998. (Scientia Liturgica 5).

MINÚCIO FÉLIX. *Octavius*, 32. Vindobonae: Academia Litterarum Caesareae Vindobonensis, 1867. (*Corpus Scriptorum Ecclesiasticorum Latinorum* 2).

MOHLBERG, Leo Cunibert (org.). *Missale Francorum*, 56-59. Roma: Herder, 1957. (*Rerum Ecclesiasticarum Documenta*. Series Maior, Fontes 5).

MOHLBERG, Leo Cunibert; EIZENHÖFER, Leo; SIFFRIN, Petrus (org.). *Liber Sacramentorum Romanae Aeclesiae Ordinis Anni Circuli*

(*Sacramentarium Gelasianum*). 3. ed. Roma: 1981. (*Rerum Ecclesiasticarum Documenta*. Series Maior, fonte 4).

NAVARRO, Ramón. *La dedicación de la Iglesia*: eclesiologia de la celebración a lo largo de la historia. Barcelona: Centre de Pastoral Litúrgica, 2019. (Biblioteca Litúrgica 58).

NOCENT, Adrien. Os livros litúrgicos. In: MARSILI, Salvatore (org.). *Panorama histórico geral da liturgia*. São Paulo: Paulinas, 1987. (Anámnesis 2).

PALAZZO, Eric. *Histoire des livres liturgiques*: Le Moyen Age, des origines au XIIIe siècle. Paris: Beauchesne, 1993.

PONTIFICAL ROMANO. *Tradução portuguesa para o Brasil das edições típicas*. São Paulo: Paulus, 2000.

SACROSANCTUM CONCILIUM OECUMENICUM VATICANUM II. Constitutio Dogmatica de Ecclesia *Lumen gentium* (21 novembris 1964) 6. In: *Acta Apostolice Sedis* 57 (1965) p. 5-111.

SAINT-ROCH, Patrick (org.). *Liber Sacramentorvm Engolismensis*, 2019-2026. Turnhout: Brepols, 1987. (*Corpus Christianorum*. Series Latina 159 C).

SANTO AGOSTINHO. *Commento al vangelo e alla prima lettera di San Giovanni*. Roma: Città Nuova, 1985. (Nuova Biblioteca Agostiniana 24/1).

SANTO AMBRÓSIO. *Esposizione del vangelo secondo Luca*. Opere esegetiche IX. Milano; Roma: Biblioteca Ambrosiana, 1979.

SCICOLONE, Ildebrando. Livros litúrgicos. In: SARTORE, Domenico; TRIACCA, Achille Maria (org.). *Dicionário de Liturgia*. 2. ed. São Paulo: Paulus, 1992.

SINISCALCO, Paolo. *Il cammino di Cristo nell'impero romano*. Roma/Bari: Laterza, 2007.

SODI, Manlio; TONIOLO, Alessandro. *Pontificale Romanum*. Editio typica (1961-1962). Città del Vaticano: Libraria Editrice Vaticana, 2008. (Monumenta Litrugica Piana 3).

SODI, Manlio; TRIACCA, Achille Maria (org.). *Pontificale romanum.* Editio princeps (1595-1596). Edizione anastatica. Città del Vaticano: Libreria Editrice Vaticana, 1997. (Monumenta Liturgica Concilii Tridentini 4).

TERRIN, Aldo Natale. *O rito*: antropologia e fenomenologia da ritualidade. São Paulo: Paulus, 2004.

TRUDU, Fabio. *"Hæc ædes mysterium adumbrat ecclesiae"*: immagini simboliche dell'Ecclesia nel rito di dedicazione della chiesa. Roma: CLV/Ed. Liturgiche, 2001.

VOGEL, Cyrille (org.). *Le pontifical romano-germanique du dixième siècle*, v. I. Città del Vaticano: Biblioteca Apostolica Vaticana, 1963. (Studi e Testi 226).

CAPÍTULO 7

Os congressos eucarísticos como *Statio Ecclesiæ*
Revivescência atualizada de uma prática eclesial da Antiguidade

Francisco Taborda, SJ

Aconteceu o 52º Congresso Eucarístico Internacional (CEI) na capital da Hungria, Budapeste. Devia ter-se realizado em 2020, mas a pandemia obrigou a postergar esse grande evento de fé, ao qual a Igreja do mundo todo é convocada para expressar sua comunhão que supera distâncias e diferenças, embora nem sempre possa mostrar-se na visibilidade de um acontecimento global.

Os Congressos Eucarísticos Internacionais (CEIs) são um evento relativamente recente, se consideramos os 21 séculos de história da Igreja. Foi no final do século XIX que se iniciou essa prática que, no decorrer desses 140 anos, se desenvolveu, evoluiu e se manteve viva, mesmo diante de obstáculos e vicissitudes, como as duas guerras mundiais e agora a pandemia do novo coronavírus.

Uma reflexão teológica sobre esses eventos precisa situá-los na história e indicar como foram evoluindo com a própria evolução da Igreja que neles celebra sua fé e sua comunhão. É possível distinguir três etapas: (1) sua origem na França do século XIX, sob o impacto da Revolução Francesa e da secularização da sociedade; (2) a renovação da liturgia e da teologia em geral à luz da volta às fontes patrísticas; (3) a lenta consolidação da renovação trazida pelo Concílio Vaticano II.

1. A origem dos Congressos Eucarísticos

A ideia dos CEIs surge na França do século XIX, dividida em dois grupos antagônicos que, reavaliando tudo o que a Revolução significara, buscavam ou consolidar seus efeitos ou desfazê-los. A gênese dos CEIs está marcada pelo clima espiritual que caracterizava esse período histórico da vida da Igreja naquele país e, de certa forma, na Europa em geral. Os católicos, acostumados aos privilégios eclesiais vigentes durante o *Ancien Régime*, lamentavam a falta de visibilidade social e de influência da Igreja na sociedade. Ansiava-se por um retorno ao panorama anterior à perseguição e ao anticlericalismo trazido pelos novos ares políticos e culturais.[1]

Perseguida, a Igreja buscara renovação opondo-se à nova mentalidade e centrando na proliferação de (em parte novas) devoções que passaram a marcar a vida dos católicos. Algumas dessas devoções tinham vindo para ficar, outras se mantiveram em segundo plano, sendo "ressuscitadas" em novos tempos de crise, como os que passamos atualmente no Brasil.

---

[1] Cf. TABORDA, Francisco. *Statio orbis*: os Congressos Eucarísticos Internacionais – Panorâmica histórica e reflexão litúrgico-teológica. *Revista Eclesiástica Brasileira*. (Em preparação).

Entre as devoções mais propagadas e que permaneceram mais enraizadas até o presente está a devoção ao Santíssimo Sacramento do Altar. Não se pode dizer que se tratasse propriamente de uma devoção eucarística, pois não estava centrada na celebração da Eucaristia, e sim na afirmação da presença real de Cristo na hóstia consagrada, como o "prisioneiro do sacrário" que esperava o dia todo que os fiéis fossem visitá-lo na "prisão" do tabernáculo. Afirmando essa presença, o católico opunha-se à negação protestante que aceitava apenas a presença real *in usu*, isto é, durante a celebração. Para fundamentar a fé no Cristo realmente presente na hóstia consagrada, recorria-se à tradição dos chamados "milagres eucarísticos", que, por sua pretensa força probatória, confeririam certeza à fé tradicional. Na própria França havia uma dezena de lugares que mantinham a lembrança desses milagres, supostos ou reais.[2] Peregrinações a esses

2 A propósito, lembre-se da clara reflexão de Tomás de Aquino: "Ninguém pode ver com os olhos corporais o corpo de Cristo tal qual está neste sacramento. Em primeiro lugar, porque o corpo visível influencia o meio por seus acidentes. Ora, os acidentes do corpo de Cristo estão neste sacramento por meio da substância, de tal maneira que eles não têm nenhuma relação imediata com este sacramento nem com os corpos que o circundam. Por isso, não podem influenciar o meio de maneira que possa ser visto por algum olho corporal. Em segundo lugar, o corpo de Cristo está neste sacramento a modo de substância. A substância, por sua vez, enquanto tal, não é visível aos olhos do corpo, nem é atingível por algum dos sentidos nem pela imaginação, mas só pela inteligência, cujo objeto é 'aquilo que é', como diz Aristóteles. Portanto, falando com propriedade, o corpo de Cristo, segundo o modo de existir neste sacramento, não é perceptível nem pelos sentidos nem pela imaginação, mas somente pelo intelecto que é denominado de olho espiritual" (Tomás de Aquino. *STh* III, q. 76, a. 7). A seguir, Tomás pergunta explicitamente sobre os "milagres eucarísticos": "Quando acontece uma aparição, atribui-se-lhe a mesma reverência que já se lhe atribuía antes. Isso não seria possível, se aí já não estivesse Cristo, a quem se atribui o culto de latria. Portanto, *mesmo acontecendo aparição*, Cristo está presente neste sacramento" (ib., a. 8; itálico meu). Segundo o Doutor Angélico, o que se vê não é o corpo de Cristo ou parte do corpo de Cristo. Primeiro, porque Cristo só pode ser visto e adorado em sua figura no céu. Segundo, porque o corpo glorioso aparece e desaparece quando quer, como se verifica nas aparições do Ressuscitado. E prossegue: "Nesse caso, mantidas as dimensões [o acidente básico da extensão],

locais, promoção da adoração noturna do Santíssimo Sacramento e ereção de santuários de adoração perpétua contam-se entre as expressões devocionais surgidas nesse contexto.

Unida à devoção eucarística, revigora-se, a partir do século XVII, com Santa Margarida Maria Alacocque (†1690) e seu confessor e diretor espiritual, São Cláudio De La Colombière (†1682), a devoção ao Sagrado Coração de Jesus. A atenção ao coração de Cristo já podia ser atestada havia séculos. Mas a nova forma de devoção estava agora focada na ideia de reparação pelos pecados contra o Cristo sacramentado, "o coração de Jesus ultrajado por nossos pecados".

Essas duas devoções são, por assim dizer, o carro-chefe do devocionismo do século XIX francês. Mas não se pode esquecer a importância da devoção a Nossa Senhora. Também ela atestada desde os primeiros séculos do cristianismo,[3] mas propagada com novo vigor por São Luís Maria Grignion de Montfort (†1716), com sua proposta de escravidão a Nossa Senhora e sua predição de um século marial, que, posteriormente, seria identificado com o período entre 1854, com a proclamação do dogma da Imaculada Conceição, por Pio IX, e 1950, quando Pio XII declarou ser dogma de fé a assunção de Nossa Senhora. Além disso, são dignas de especial menção as

---

aconteceu milagrosamente uma mudança com relação a outros acidentes como a figura e a cor etc., de modo que se veja carne ou sangue ou também uma criança. [...] Permanecendo as dimensões que são o fundamento dos outros acidentes [...], permanece neste sacramento verdadeiramente o corpo de Cristo". – Os textos de Tomás são tradução minha. Para uma tradução brasileira, cf. Tomás de Aquino. *Suma Teológica*. São Paulo: Loyola, 2006. v. 9: Os sacramentos.

3 Veja-se, por exemplo, a oração "Sob a vossa proteção", a mais antiga oração mariana de que se tem conhecimento, encontrada no Egito, em um papiro de fins do séc. III e começos do séc. IV (cf. Klauser, Theodor. Gottesgebärerin (*Theotókos*). *Reallexikon für Antike und Christentum*. Stuttgart: Anton Hiersemann. Bd. XI (1981), 1071-1103 (aqui: 1077-1079).

aparições mariais que se multiplicaram no século XIX, especialmente em solo francês (Paris/Rue de Bac, La Salette, Lourdes, Pontmain).[4]

Entre outras devoções propagadas nesse século e nesse país, podem citar-se a incipiente devoção a Cristo Rei, à Sagrada Face, às Santas Chagas e outras tantas.

Nesse contexto de devocionismo e do sentimento de que a Igreja perdera espaço na sociedade, a jovem Émilie Tamisier (*1843; †1910) afaga um sonho que poderia parecer faraônico: promover a adoração perpétua em todas as igrejas do mundo e realizar manifestações multitudinárias de devoção ao Santíssimo Sacramento, através da promoção de peregrinações inicialmente aos diversos lugares da França ligados a "milagres eucarísticos". Mas Mlle. Tamisier não estava sozinha. Para concretizar seu sonho, contará com o apoio de grandes personalidades do catolicismo francês à época:[5] São Pedro Julião Eymard (†1868), fundador dos Sacramentinos; Beato Antônio Chevrier (†1879), iniciador da Associação dos Padres do Prado; o leigo León Dupont (†1876), iniciador e promotor da adoração noturna ao Santíssimo Sacramento; o missionário francês nos Estados Unidos Claude-Marie Dubuis (†1895), que se tornara

---

4 Cf., a propósito: SCHNEIDER, Bernhard. Marienerscheinungen im 19. Jahrhundert. Ein Phänomen und seine Charakteristika. In: Wolf, Hubert (Hg.). *"Wahre" und "falsche" Heiligkeit*: Mystik, Macht und Geschlechterrollen im Katholizismus des 19. Jahrhunderts. Oldenburg: De Gruyter, 2013, p. 87-110. Disponível em: https://www.degruyter.com/document/doi/10.1515/9783110446807-010/html. Acesso em: 10 set. 2021. Entre 1803 e 1917, houve 115 verdadeiras ou pretensas aparições, sendo 50% delas na França; só entre 1870 e 1879 contam-se 32 (cf. SCHNEIDER, Bernhard. Marienerscheinungen im 19, op. cit., p. 91).

5 Cf. OURY, Guy-Marie; ANDRY, Bernard. *Les Congrès Eucharistiques*: Lille 1881 – Lourdes 1981. Sable-sur-Sarthe: Abbaye Saint-Pierre de Solesmes, 1980. ALLA, Henrique. *Os Congressos Eucarísticos Internacionais*. Rio de Janeiro: Livraria Agir, 1955. Pontificio Comitato per i Congressi Eucaristici Internazionali. *Storia*. Disponível em: http://www.congressieucaristici.va/content/congressieucaristici/it/storia.html. Acesso em: 10 set. 2021.

bispo de Galveston (Texas, USA); Mons. Gaston De Ségur (†1881), da nobreza francesa, autor de inúmeros livros de grande influência; o próspero empresário católico Philibert Vrau (†1905), pioneiro na humanização do trabalho operário industrial.

Com o concurso de todas essas personalidades notáveis, foi possível levar adiante o sonho de Tamisier, que o viu realizado a partir de 1881, quando aconteceu em Lille (França), com sucesso maior do que o esperado, o primeiro Congresso Eucarístico Internacional, com a participação de 363 delegados provenientes de dez países, inclusive da América Latina (México e Chile). A partir daí, com as bênçãos e o incentivo de Leão XIII, os Congressos se multiplicaram, tanto em âmbito internacional, com um concurso cada vez maior de público, como em âmbitos restritos (de um país, diocese, região).

Os dois eixos em torno dos quais giravam os Congressos Eucarísticos Internacionais se expressam de diversas maneiras, mas, no entanto, se completam no mesmo sentido.

O primeiro eixo era, como é óbvio, a Eucaristia. Os Congressos centram-se na adoração ao Santíssimo Sacramento, por um lado, promovendo horas santas, destinadas ao culto de adoração, e incentivando a importância dessa prática por palestras e catequeses apropriadas. Por outro, em continuidade com a prática da adoração, dava-se maior importância à apoteótica procissão, com que os Congressos deveriam ser finalizados. A procissão do Congresso Eucarístico de Viena, em 1912, na então capital do Império Austro-Húngaro, foi, por sua pompa, o protótipo do que se desejava alcançar. O Santíssimo foi levado pelo Cardeal Legado na principal carruagem do Imperador, um carro histórico, puxado por oito cavalos. O Imperador Francisco José, com o Arquiduque herdeiro do trono, bem como a família imperial e a corte, seguiam a procissão em outras carruagens.

Com os decretos de Pio X promovendo a frequência à comunhão, entra, como nova perspectiva, o incentivo à aproximação dos fiéis à "mesa da comunhão", como se denominava então a cancela que separava o presbitério da nave, diante da qual os comungantes se ajoelhavam à espera de que o padre passasse distribuindo a hóstia consagrada, colocando-a na boca dos fiéis. A promoção da comunhão frequente se realizava através da prática das "comunhões gerais" por grupos de pessoas, como mulheres, homens, jovens de cada um dos sexos separadamente, crianças, militares, funcionários públicos etc. As "comunhões gerais" se realizavam em diferentes dias do Congresso, preparadas pelo que hoje se chamaria de "mutirão" de confissões. Essa era uma prática pastoral muito comum no Brasil e a encontraremos ainda, em 1955, no 36º CEI do Rio de Janeiro.

O segundo eixo dos Congressos era formulado como "o reinado social de Cristo", expressão da nostalgia pela cristandade, aqueles tempos anteriores à Revolução Francesa em que a importância política da Igreja se fazia sentir na influência do clero para a organização da sociedade e nos privilégios que os governos propiciavam à Igreja. Era uma visão eclesiocêntrica e triunfalista que favorecia o clericalismo. Expressão dessa nostalgia foi, por exemplo, a petição dirigida ao Papa no final do 22º CEI (Madri, 1911), para que fosse instituída uma solene festa litúrgica em honra de Cristo Rei. Esse sonho se realizaria catorze anos mais tarde, em 1925. Através da encíclica *Quas primas*, Pio XI introduz no calendário litúrgico do rito romano a festa de Cristo Rei. Na citada encíclica, o Papa afirma o domínio de Cristo sobre o âmbito civil (cf. DH 3.679) e recorda as palavras de Leão XIII na encíclica *Annum sacrum*, de 25 de maio de 1899, de que esse domínio vale não só às nações católicas como também às "consideradas fora da fé cristã", pois "o inteiro gênero humano está sob o poder de Cristo" (DH 3.350). A perspectiva da nova festa se traduziu liturgicamente no pedido expresso na coleta do dia, em que se suplicava ao Pai, cuja vontade era restaurar tudo em Cristo, "que todas as famílias dos povos, divididas pela ferida do pecado", se submetessem "a seu suavíssimo domínio".[6]

Um novo elemento acrescentou-se já bastante de início: a dimensão papal – ou, se preferirmos: o triunfalismo papal dos CEIs. Leão XIII, depois de receber a notícia do Congresso de Lille, o primeiro da série histórica, incentivou com ardor os eventos do gênero. Para o oitavo Congresso, realizado por vontade do Pontífice em Jerusalém (1893), enviou um Legado para representá-lo e assistir ao Congresso em seu nome.[7] A partir do 11º Congresso, realizado em Bruxelas (1898), tornou-se praxe – com apenas duas exceções – o Papa enviar um cardeal como Legado Pontifício.[8] A recepção ao representante do Papa, cercada de solenidade e fausto, tornou-se ponto alto dos Congressos, unindo, assim, mais um elemento caracteristicamente católico ao evento. Era também uma forma de acentuar o anseio por uma presença e influência visível da Igreja em um mundo em que avançava a secularização dos Estados e da sociedade. Concretizava-se, então, um aspecto do reinado social de Cristo. A foto da acolhida do Legado Papal em Jerusalém, com suas vestes cardinalícias, montado em um esplêndido cavalo árabe, tem um colorido que lembra a pompa que a lenda das "Mil e Uma Noites" sugeria à imaginação, no tocante ao esplendor das cortes orientais.

---

6 "*... ut cunctae familiae gentium, peccati vulnere disgregatae, eius suavissimo subdantur império*" (*Missale Romanum ex Decreto SS.* Concilii Tridentini restitutum Summorum Pontificum cura recognitum. Editio typica. Città del Vaticano: Typis Vaticanis, 1962, p. 697.

7 Disponível em: http://www.congressieucaristici.va/content/congressieucaristici/it/storia/50-congressi-eucaristici-internazionali/jerusalem-1893.html. Acesso em: 29 ago. 2021.

8 As exceções foram o 13º, em Angers (1901), e o 15º, em Angoulême (1904).

Mas, enquanto os CEIs iam criando raízes, uma tênue sementinha começava a germinar desde meados do século XIX na mesma França em que nasceram os CEIs. Sob a orientação de Dom Prosper Guéranger (†1875), restaurador da Abadia de Solesmes, inicia-se uma revalorização da riqueza espiritual e teológica da liturgia romana e recrudesce o cultivo do canto gregoriano. As obras do grande abade, tanto as de cunho científico (os cinco volumes das *Institutions liturgiques*) como as de divulgação (os 15 volumes de *L'année liturgique*), podem ser consideradas um marco da pré-história do Movimento Litúrgico.[9] Entretanto, a iniciativa de Guéranger atingiu apenas, por um lado, a vida monástica e, por outro, uma elite distante das comunidades paroquiais, onde se desenvolvia a vida da Igreja.

Nem por isso sua atuação deixou de ser importante, especialmente a partir dos intentos de reforma litúrgica lançados por Pio X, conhecido pelo cognome de "o Papa da Eucaristia". Ainda no primeiro ano de seu pontificado, Pio X regulou a questão da música litúrgica, priorizando o canto gregoriano reformulado pelos monges de Solesmes, explicitamente mencionados no *Motu próprio Tra le sollecitudini*, onde aparece pela primeira vez em um documento papal a palavra "participação (ativa)" na liturgia,[10] que haveria de

9 Cf. ROUSSEAU, Olivier. *Histoire du Mouvement Liturgique*. Paris: Cerf, 1945. BOTTE, Bernard. *O Movimento Litúrgico*: testemunho e recordações. São Paulo: Paulinas, 1978. BASURKO, Xabier; GOENAGA, José Antonio. A vida litúrgico-sacramental da Igreja em sua evolução histórica. In: BOROBIO, Dionisio (ed.). *A celebração na Igreja*: I. Liturgia e sacramentologia fundamental. São Paulo: Loyola, 1990, p. 37-147. ENOUT, João Evangelista. A Constituição Litúrgica do Vaticano II: culminância do Movimento de Renovação Litúrgica. In: BARAÚNA, Guilherme (org.). *A Sagrada Liturgia renovada pelo Concílio*. Petrópolis: Vozes, 1964, p. 162-202.

10 Cf. PIO X. *Motu próprio Tra le sollecitudini*: sobre a música sacra, 22 nov. 1903. Disponível em: https://www.vatican.va/content/pius-x/la/motu_proprio/documents/hf_p-x_motu-proprio_19031122_sollecitudini.html. Acesso em: 10 set. 2021. O texto latino traz simplesmente *participatio*; as traduções em três línguas que constam no site do Vaticano acrescentam o adjetivo "ativa", tanto no português como no espanhol e no italiano.

fazer história dentro do Movimento Litúrgico, culminando na Constituição *Sacrosanctum Concilium*, do Vaticano II.

Os CEIs continuavam sua marcha triunfal, chegando ao Congresso de número 20, em Colônia (Alemanha, 1909). Nesse mesmo ano e sem qualquer relação com o 20º CEI, aconteceu na Bélgica o que se convencionou chamar de "lançamento do Movimento Litúrgico". Por ocasião do *Congrès National des Œuvres Catholiques*, em Malines, Dom Lambert Beauduin (†1960), monge da Abadia Beneditina de Mont-César (Lovaina), que anteriormente tivera experiência paroquial como padre diocesano e atuara como capelão no meio operário, pronunciou uma conferência em que mostrou a necessidade de levar ao povo cristão as riquezas do mistério de Cristo celebrado na liturgia.

A palestra de Dom Beauduin encontrou notável acolhida e rapidamente ultrapassou os limites da Bélgica, para lançar raízes na terra fértil da Igreja da Alemanha e de outros países. Importância crucial teve a Abadia de Maria Laach (Alemanha), que, desde 1913, estava sob a orientação do Abade Ildefons Herwegen (†1946), figura marcante na expansão do Movimento Litúrgico. Foram altamente significativas para a implantação da nova mentalidade litúrgica as publicações da editora dessa abadia. Saliente-se também o trabalho litúrgico-teológico de seus monges, com destaque para Odo Casel (†1948), bem como a pesquisa histórica de outros monges que resultou na publicação de documentos litúrgicos da era patrística.

Por ocasião do 30º CEI (Cartago, Norte da África, 1930), o grande liturgista austríaco Josef Andreas Jungmann (†1975) propôs que se refletisse sobre os CEIs à luz da uma antiga prática litúrgico-pastoral da Igreja de Roma, a *statio*.[11] Aqui se encontra

11 Assim como havia na Roma antiga a *statio urbis*, reunião da Igreja da urbe Roma em torno de seu bispo, Jungmann propunha que se considerassem os Congressos Eucarísticos Internacionais como *statio orbis*, reunião dos fiéis de todo o orbe em

a semente de um encontro profícuo entre os CEIs e o Movimento Litúrgico. Mas, em um primeiro momento, o artigo de Jungmann não despertou atenção, até por ter sido publicado em um periódico insignificante e o Movimento Litúrgico, na época, não se ter ainda universalizado e estar restrito a espaços circunscritos. Anos depois, em plena Segunda Guerra Mundial, Jungmann haveria de incluir seu artigo em uma coletânea de textos seus que, pelas circunstâncias bélicas, não pôde ter maior repercussão.[12] Somente muitos anos depois da guerra veio a dar frutos, quando o Movimento Litúrgico já alcançara dimensões universais e tinha sido assumido pelo magistério da Igreja. A comissão organizadora do 37º CEI, que se realizaria em Munique, Alemanha, em 1960, decidiu conceber o Congresso como *statio orbis*, segundo as ideias de Jungmann naquele despretensioso artigo de 1930.

2. A volta às fontes patrísticas e litúrgicas

Entre o fim da guerra de 39-45 e o Concílio Vaticano II realizaram-se três CEIs: Barcelona (1952), Rio de Janeiro (1955) e Munique (1960). Duas perspectivas influenciarão de maneiras diversas esses Congressos: o amadurecimento e a expansão do Movimento Litúrgico e a temática do "reinado social de Cristo", agora relido à luz do anticomunismo do tempo da Guerra Fria. Da renovação litúrgica pouco ou nada se observa no Congresso de Barcelona; tenuemente no

---

torno do Papa ou – como era até então necessariamente – do seu Legado. Dada a existência de Congressos que não tinham alcance tão geral, seria preciso adaptar a designação e falar de *statio nationis* (Congressos Nacionais), *statio diœcesis* (Congressos Diocesanos) ou, mais genericamente, *statio Ecclesiæ* (*universalis, nationalis, diœcesanæ* etc.).

12 Cf. JUNGMANN, Josef Andreas. Die Eucharistischen Weltkongresse in einem alten Vorbild. In: JUNGMANN, Josef Andreas. *Gewordene Liturgie*: Studien und Durchblicke. Innsbruck, Leipzig: Verlag Felizian Rauch, 1941, p. 322-327.

do Rio; fortemente, predominantemente, no de Munique. Já o tema político-social terá distintos matizes em cada um dos três Congressos.

Comecemos pelo Movimento Litúrgico. Quando, por ocasião do Congresso de Cartago (1930), Jungmann propôs pensar os CEIs como *statio orbis*, o Movimento Litúrgico já se desenvolvera razoavelmente em alguns países da Europa, como os de língua alemã e francesa. Mas não só a nova prática influenciaria a concepção dos CEIs, como também a pesquisa histórica na área sacramental e litúrgica teve importância. Ela permitiu o retorno às raízes bíblicas e patrísticas da liturgia, tais como: a primazia da celebração eucarística sobre a adoração ao Santíssimo; a redescoberta de que a finalidade de Eucaristia não é fazer Cristo presente, mas transformar os participantes em corpo eclesial de Cristo; a reafirmação da centralidade do mistério pascal de Cristo, do qual a Eucaristia é o memorial. Trata-se agora de repassar essas ideias recuperadas da melhor tradição eclesial e mostrar sua influência em vista de uma nova percepção dos Congressos Eucarísticos.

Em um amplo e erudito estudo sobre a acepção da palavra *statio* na Antiguidade cristã, Christine Mohrmann explica o sentido da *statio*:

> A ideia fundamental é a de reunião de todos os fiéis com seu bispo para a celebração eucarística. O termo expressa muito bem a ideia que inspirou a celebração de estações: numa época em que o aumento do número dos fiéis e das igrejas tendia a enfraquecer a solidariedade dos cristãos de Roma, queria salvaguardar-se a ideia, muito cara à Igreja primitiva, da unidade da comunidade cristã com seu bispo.[13]

[13] MOHRMANN, Christine. Statio. In: *Vigiliae Christianae*, v. 7, n. 4, p. 221-245, Oct. 1953 (citação: p. 245).

A proposta de Jungmann de ver *os CEIs como "statio orbis"* supõe certo jogo de palavras. A prática romana antiga era denominada *statio urbis* ("estação", reunião, assembleia da cidade de Roma, a urbe por excelência). O latim permitia que, com a mudança de uma só letra (*urbis – orbis*), se obtivesse uma renovada compreensão do sentido dos CEIs: *statio urbis – statio orbis*. Não mais a reunião dos cristãos da cidade de Roma em torno de seu bispo para celebrar a Eucaristia, o memorial do mistério pascal de Cristo, mas a convocação de cristãos do mundo inteiro em torno ao Bispo de Roma, em sua função primacial, ou em torno de seu representante, o Legado Pontifício nomeado especificamente para aquele Congresso, pelo menos desde que, no Congresso de Jerusalém (1893), se iniciou essa prática.

A introdução dessa nova categoria para os CEIs obrigava a repensar sua organização. Não mais a procissão triunfal com o Santíssimo pelas ruas da cidade, mas a Eucaristia de encerramento presidida pelo Papa ou por seu Legado deveria ser o ponto culminante do Congresso, pois a prática da *statio urbis* visava à celebração da Eucaristia, já que, na época em que existia essa prática em Roma, ainda não tinha sido posta em questão entre os fiéis católicos a afirmação da presença real de Cristo na hóstia consagrada.[14]

A volta às fontes levara à redescoberta da centralidade do mistério pascal de Cristo e do caráter de memorial desse mistério, como definição da Eucaristia. Por isso mesmo, quando, trinta anos depois do lançamento da ideia de que os CEIs deveriam ser concebidos como

---

[14] Essa polêmica só aconteceria a partir do séc. IX, quando a incompreensão do pensamento patrístico que levara o abade de Corbie, Pascásio Radberto (†859), a afirmar um realismo físico, e o monge Ratramno (†868), da mesma abadia, a defender um realismo simbólico, teve como consequência a heresia de Berengário, mestre da escola catedral de Tours (†1088), que, dois séculos mais tarde, defenderia um simbolismo vazio (cf. Giraudo, Cesare. *Num só corpo*: tratado mistagógico sobre a Eucaristia. 2. ed. São Paulo: Loyola, 2014, p. 416-432).

uma *statio orbis*, se teve a ideia de organizar o Congresso Eucarístico de Munique dentro dessa concepção,[15] e o resultado consistiu em conceber o evento como a celebração de um "tríduo pascal no verão".

A quinta-feira do Congresso foi identificada com o "dia do sacerdócio e da caridade". Deveria inculcar a comunidade de mesa dos cristãos e celebrar a instituição da Eucaristia e do ministério de presidi-la. Em onze igrejas realizaram-se ordenações presbiterais. No horário do almoço, promoveram-se *ágapes* fraternos nas diversas paróquias da cidade. Neles, prelados se punham a servir, seguindo o modelo de Jesus (cf. Lc 12,37b). *À* noite, na celebração eucarística da praça do Congresso, o lava-pés foi comemorado, sugerindo que "não há Eucaristia sem lava-pés" (E. Van Waelderen).

A sexta-feira foi o "dia da cruz", dedicado *à* lembrança da paixão do Senhor. A proximidade do campo de concentração de Dachau tornou possível uma peregrinação a esse local para evocar a paixão de Cristo na paixão do mundo. Estava ainda fortemente viva a lembrança dos horrores do nazismo, principalmente nesse país que vivera todo o drama do extermínio dos judeus e da perseguição a diversas outras categorias de pessoas. Foi um dia alitúrgico, isto *é*, sem celebração da Eucaristia na praça do Congresso, mas com a adoração da cruz *à* maneira da ação litúrgica da Sexta-feira Santa. Quem quisesse e pudesse teria oportunidade de passar parte da noite em adoração ao Santíssimo em uma determinada igreja da cidade, como era então costume em todas as igrejas do mundo, na madrugada da quinta para a sexta-feira da Semana Santa.

Sábado, 6 de agosto, festa da Transfiguração do Senhor, foi o "dia da luz", em que a solene Divina Liturgia de São João Crisóstomo, com todo seu esplendor, foi celebrada *à* noite, na praça do

15 Cf. EGENTER, Richard et al. (Hg.). *Statio Orbis*: Eucharistischer Weltkongress 1960 in München. 2 volumes. 2e Aufl. München: Kösel-Verlag, 1962.

Congresso. Renovaram-se as promessas batismais, como na Vigília Pascal, portando velas acessas em sinal da adesão *à* fé. Acabada a celebração, os participantes voltaram para suas casas ou para os locais que os hospedavam, levando a luz de Cristo. A cidade iluminou-se em uma promessa de transformação do mundo pela luz da fé.

Por fim, domingo foi a *statio orbis*. Depois da transmissão radiofônica das palavras do Papa, o Cardeal Legado presidiu a Eucaristia na praça do Congresso. O projeto inicial era substituir a procissão triunfal pelo simples ato de levar as partículas que sobrassem para uma das igrejas próximas do local.[16] Seria uma radical afirmação de que a reserva eucarística não tem por finalidade primeira ser contemplada e adorada, mas ser conservada para levar o pão eucaristizado aos enfermos e aos ausentes, como explicava, já no século II, Justino de Roma, filósofo e mártir (†165), em sua *Apologia*.[17] Desistiu-se dessa solução contrária ao uso costumeiro nos Congressos até então. Entretanto, a procissão reduziu-se *à* passagem do Santíssimo na custódia, percorrendo o espaço onde estava reunida a assembleia que acabara de participar da celebração eucarística. Dessa forma, em vez de o Congresso pautar-se por uma gigantesca festa de *Corpus Christi* (*Fronleichnam*), tornou-se uma *statio orbis*. Com isso, evitava-se também o triunfalismo que tanto feria a sensibilidade dos cristãos das Igrejas oriundas da reforma, numerosos no país onde, no século XVI, se iniciara esse movimento.[18]

---

16 Cf. JUNGMANN, Josef Andreas. Statio orbis Catholici – heute und morgen. In: EGENTER, Richard et al. (Hg.). *Statio Orbis*, op. cit., v. I, p. 81-89 (aqui: p. 83).

17 Cf. JUSTINO DE ROMA. Apologia em favor dos cristãos, I, 65,5 e 67,5. In: *I e II Apologias*: diálogo com Trifão. São Paulo: Paulus, 1995 (Justin. Apologie pour les chrétiens: introduction, texto critique, traduction et notes Charles Munier. *Sources Chrétiennes*, 507. Paris: Cerf, 2006).

18 Contudo, é preciso lembrar que Munique é a capital da Baviera, a região do país menos atingida pela Reforma Protestante.

A volta à centralidade do mistério pascal de Cristo, cujo memorial é a Eucaristia, leva à reafirmação da primazia da celebração eucarística sobre a adoração ao Santíssimo Sacramento. Unidos a Jesus Cristo, o único Mediador e o único Sacerdote, adoramos o Pai no Espírito e em verdade. Quando isso acontece, prestamos o perfeito culto a Deus Pai e somos constituídos como Igreja, Corpo vivo de Cristo. Realiza-se o que, já no século I, os cristãos suplicavam na Eucaristia: "Como este pão partido, disseminado sobre os montes, foi reunido para tornar-se um só, assim seja reunida tua Igreja das extremidades da terra no teu Reino".[19]

A unidade em Cristo, no Espírito, que nos constitui Igreja, se produz e visibiliza na celebração da Eucaristia. Se toda celebração eucarística nos transforma no corpo de Cristo, a prática da *statio urbis* manifestava-o na cidade de Roma e agora – quando o mundo se tornara uma "aldeia global", graças aos meios rápidos de transporte e à mídia eletrônica – a *statio orbis* visibilizava perante toda a humanidade a realidade da Igreja dispersa por todo o mundo. Dessa forma, é devolvida ao centro da consciência cristã a verdade fundamental de que, se "a Igreja faz a Eucaristia", ou seja, a celebra, não é menos verdade que "a Eucaristia faz a Igreja", a constrói em suas quatro dimensões: povo reunido pelo Espírito Santo através da Palavra e da Eucaristia (as duas mesas) em torno de seus pastores.[20]

---

[19] *Didaché*, 9, 4. (*La doctrine des douze Apôtres – Didaché*). Introduction, texte, traduction, notes, appendice et index Willy Rordorf – André Tuilier. *Sources chrétiennes*, 248. Paris: Cerf, 1978, p. 176-177. Tradução brasileira: ZILLES, Urbano. *Didaqué*: catecismo dos primeiros cristãos. 7. ed. Petrópolis: Vozes, 2004.

[20] Cf. Concílio Vaticano II. *Decreto Christus Dominus*: sobre o múnus pastoral dos bispos na Igreja, n. 11. Disponível em: https://www.vatican.va/archive/hist_councils/ii_vatican_council/documents/vat-ii_decree_19651028_christus-dominus_po.html. Acesso em: 06 jan. 2021.

Renova-se – graças ao Movimento Litúrgico – a consciência de que a Eucaristia é o "sacramento da unidade da Igreja"[21] e que a finalidade da Eucaristia, a graça própria a esse sacramento, não é a presença de Cristo, dado que ele está presente à Igreja e à humanidade de múltiplas formas.[22] O que torna a Eucaristia necessária é o fato de ela realizar a unidade da Igreja. Ela é o ponto culminante da economia sacramental,[23] de forma que toda celebração litúrgica tem a Eucaristia como meta.[24] Ou, para falar com a Constituição Litúrgica do último Concílio: "A Liturgia é simultaneamente a meta para a qual se encaminha a ação da Igreja e a fonte de onde promana toda a sua força" (SC 10).

Esse 37º CEI foi o último antes do Concílio, e a Igreja já vivia uma nova atmosfera marcada pelas reformas litúrgicas de Pio XII e pela primavera eclesial suscitada pela convocação do Concílio por João XXIII. A nova perspectiva do Congresso foi possível porque o

---

21 TOMÁS DE AQUINO. *STh* III, q. 67, a. 2. O grande pesquisador da teologia de Tomás, Ghisbert Lafont, escreve a respeito: "Em outros termos, se a Eucaristia significa a unidade da Igreja, ela, a causa, o que é conforme à teologia sacramental de Tomás; a unidade da Igreja é o fruto da celebração eucarística, ou ainda: a Eucaristia faz a Igreja em sua unidade. Todas essas expressões significam uma doutrina constante no Doutor Angélico: a *res* do sacramento da Eucaristia não é outra senão a unidade da Igreja" (LAFONT, Ghislain. *Structures et méthode dans la "Somme théologique" de saint Thomas d'Aquin*. 2. ed. Paris: Cerf, 1996, p. 457).

22 Cf. PAULO VI. *Constituição Conciliar Sacrosanctum Concilium*: sobre a Sagrada Liturgia, n. 7. Disponível em: https://www.vatican.va/archive/hist_councils/ii_vatican_council/documents/vat-ii_const_19631204_sacrosanctum-concilium_po.html. Acesso em: 06 jan. 2021. PAULO VI. *Encíclica Mysterium fidei*, de 3 de setembro de 1965. Disponível em: http://www.vatican.va/content/paul-vi/pt/encyclicals/documents/hf_p-vi_enc_03091965_mysterium.html. Acesso em: 06 jan. 2021.

23 Cf. TOMÁS DE AQUINO. *STh* III, q. 75, a. 1. GRILLO, Andrea. *La forma rituale della fede cristiana*: teologia della liturgia e dei sacramenti agli inizi del XXI secolo. Trapani: Il Pozzo di Giacobbe, 2011, p. 141-142.

24 Cf. TOMÁS DE AQUINO. *STh* III, q. 65, a. 3; q. 63, a. 6. Em consequência, embora, na ordem da preparação, o Batismo venha antes da Eucaristia, na ordem da intenção esta é primeira (III, q. 73, a. 5, sol. 4).

Movimento Litúrgico já se tornara hegemônico na Igreja e se traduzira não só em documentos eclesiais como principalmente em novas práticas, trazidas pela reforma litúrgica da Semana Santa, por Pio XII, e pela promulgação, às vésperas do Congresso de Munique, do Código de Rubricas, que estendia a toda liturgia romana as rubricas adotadas na nova Semana Santa e que João XXIII determinava que deveria vigorar até que o Concílio estabelecesse definitivamente os parâmetros para a ansiada reforma litúrgica, o que aconteceria com a Constituição *Sacrosanctum Concilium* e a atuação do *Consilium ad exsequendam Constitutionem Liturgicam*.[25]

No Congresso de Barcelona, pouco ou nada se observa no tocante à influência do Movimento Litúrgico. Perseguida por um governo adverso durante a guerra civil, a Igreja da Espanha estava demasiado centrada em outros problemas para dar atenção aos novos ventos que arejavam as celebrações em outros países.

Já no Rio de Janeiro pode-se dizer que há tênues lampejos das novas tendências, como se observam nas linhas simples da arquitetura do altar-monumento, onde se desenrolariam as principais celebrações do Congresso. Ele evocava uma caravela como as que haviam trazido a fé cristã para nosso país. Só que, enquanto as caravelas portuguesas estavam marcadas com a cruz da Ordem de Cristo, a vela do altar do Congresso, em branco e amarelo, tinha estampadas as armas papais. Também as alfaias especialmente confeccionadas para a ocasião se distinguiam pelas linhas simples, próprias da arte moderna.

Mas era principalmente o hino do Congresso[26] que mais evocava a tendência renovadora. Os versos escritos pelo insigne poeta

---

[25] Sobre o *Consilium*, cf. BUGNINI, Annibale. *A Reforma Litúrgica (1948-1975)*. São Paulo: Paulinas/Paulus/Loyola, 2018.

[26] Cf. *Do céu desceu a chuva*. Disponível em: https://cantospiedosos.blogspot.com/2016/03/do-ceu-desceu-chuva.html. Acesso em: 21 mar. 2021.

Dom Marcos Barbosa (†1997),[27] monge do Mosteiro de São Bento, do Rio, onde se iniciara o Movimento Litúrgico no Brasil,[28] não tinham nada do triunfalismo belicoso de muitos cantos populares na Igreja brasileira dessa época. Em vez de proclamar "honra, glória e louvor" ao Cristo sacramentado, o estribilho do hino convidava as pessoas "de todo canto" para virem correndo, porque fora "posta a mesa do nosso Rei". Tratava-se, portanto, da refeição, ou seja, da celebração eucarística. As estrofes, por sua vez, descreviam o processo que conduzia da chuva à plantação da vinha e do trigo, com os quais "a rude mão" do homem elaboraria o vinho e o pão. Essa chuva, por sua vez, era figura da chuva da graça que transformaria Maria, portando Jesus em seu seio, em uma procissão vivente que passa pelas estradas do mundo. Cristo se senta à mesa e, através dos "mais doces sinais", escolheu para si "a cruz, o espinho" e ofereceu a nós "a refeição". Enfim, um texto teologicamente escorreito, mas, por sua simplicidade e pela ausência de triunfalismo, rapidamente caiu no esquecimento. A Igreja do Brasil ainda não estava madura para acolher em massa o Movimento Litúrgico que permaneceria, então, privilégio de uma elite da antiga capital federal.

Os anos entre a guerra de 39 e 45 e o Concílio foram o tempo em que o chamado "mundo livre" vivia aterrorizado pelo "perigo comunista" que a União Soviética estalinista ameaçava expandir por todo o globo terrestre. Esse contexto dava novo significado ao tema do "reinado social de Cristo".

Para o Congresso de Barcelona, o primeiro pós-guerra, fora escolhido o tema "a Eucaristia e a paz", que, pela localização do

---

27 Em 1980, foi eleito para a Academia Brasileira de Letras. Disponível em: https://www.academia.org.br/academicos/marcos-barbosa-dom/biografia. Acesso em: 19 out. 2021.

28 Cf. SILVA, José Ariovaldo da. *O Movimento Litúrgico no Brasil*: estudo histórico. Petrópolis: Vozes, 1983.

Congresso, assumia forte colorido anticomunista. Voltando o olhar para o passado próximo, considerava-se que o perigo comunista fora exorcizado pela tremenda guerra civil fratricida, um cruento conflito intestino, em que a Igreja fora submetida à perseguição, tendo como fruto numerosos mártires. Era "natural" que se conclamasse o mundo inteiro para compreender que só em Cristo se encontraria efetivamente a paz individual, familiar, social e internacional.

Igreja e Estado, na Espanha franquista, pareciam quase identificar-se com uma fusão ideal que parecia ser uma "cristandade rediviva". O Generalíssimo Franco, sua família e o governo espanhol participaram não só da missa pontifical de encerramento como também da procissão, na tarde do último dia do Congresso. E foi o próprio Generalíssimo que pronunciou a consagração da Espanha a Jesus sacramentado.

No Congresso do Rio de Janeiro, a dimensão de denúncia do "perigo vermelho" se expressou plasticamente. No âmbito do altar-monumento reservado para os cardeais, conservaram-se sempre três assentos vazios que deveriam ter sido ocupados por três cardeais que viviam atrás da "Cortina de Ferro": Alojze Stepinač (†1960), arcebispo de Zagreb (Croácia, que era, então, parte da Iugoslávia), Jozsef Mindszenty (†1975), arcebispo de Esztergom e primaz da Hungria, e Stefan Wyszynski (†1981), arcebispo de Varsóvia (Polônia).[29] Na sexta-feira, rezou-se a via-sacra da "Igreja do silêncio". Cada estação era dedicada à oração por um país sob o domínio comunista. Catorze cruzes, carregadas por pessoas daquela nacionalidade, radicadas no Brasil, vestidas com trajes típicos de sua terra natal, significavam a

---

[29] Aos três lugares vagos, que evocavam os cardeais impedidos de comparecer por viverem em países comunistas, acrescentaram-se dois que tinham sido destinados aos dois cardeais argentinos, à última hora impedidos de viajar, devido à queda de braço entre o então presidente Perón e a Igreja: Santiago Copello (†1967), arcebispo de Buenos Aires, e Antonio Caggiano (†1979), arcebispo de Rosário.

cruz com que os cristãos desses países completavam em seus corpos as tribulações de Cristo (cf. Cl 1,24).

No tocante à influência política da Igreja, é digna de nota a participação das autoridades da República em momentos significativos do CEI. No pontifical de encerramento estiveram presentes o presidente da República, quase todos os ministros, membros do poder judiciário e das duas casas do poder legislativo (senadores e deputados federais). No final da celebração, Nereu Ramos, presidente do Senado, explicou a importância da consagração do Brasil ao Coração de Jesus, que seria em seguida pronunciada em coro pelos ministros presentes, pelo prefeito do Rio de Janeiro, por numerosos deputados, senadores e membros do judiciário e das forças armadas. O texto dessa consagração foi entregue ao Legado Pontifício, em um pergaminho em que fora transcrita e firmada pelo Presidente Café Filho (†1970) – embora fosse da Igreja Presbiteriana – e demais dignitários. No decorrer do Congresso, houve sessões solenes em que figuras de proa do laicato brasileiro pronunciaram conferências sobre diversos aspectos do reinado de Cristo, em perspectiva evidentemente logo ultrapassada pelas grandes encíclicas de João XXIII (*Mater et Magistra* e *Pacem in Terris*) e pelo próprio Concílio, em especial na Constituição Pastoral *Gaudium et Spes*.

3. A lenta consolidação das perspectivas do Vaticano II

Nada muda de repente, nada se transforma em um átimo. O fato de, depois do Concílio, ter-se rapidamente adotado a categoria de *statio orbis* para designar os CEIs, não significa que se tenham assimilado as consequências.

Ainda durante o terceiro período do Concílio, realizou-se o 38º CEI, em Bombaim (hoje Mumbai), na Índia, de 28 de novembro a 8 de dezembro de 1964. Excetuados os CEIs celebrados em Roma,[30] o Congresso de Bombaim foi o primeiro que contou com a presença de um papa. No entanto, Paulo VI não pôde estar no encerramento. A celebração eucarística pensada como expressão da *statio* não foi presidida pelo Papa, mas por seu Legado. Talvez mais do que nos Congressos anteriores, o pensamento e a ação das pessoas estiveram voltados para os pobres. Era, sem dúvida, um fruto do Concílio, pois – como disse Paulo VI ao abrir o segundo período do Concílio – a Igreja sabe que "os pobres, os necessitados, os aflitos, os famintos, os sofredores, os encarcerados; isto é, [...] aquela parte da humanidade que sofre e chora, lhe concerne por direito evangélico".[31]

Também a dimensão ecumênica foi novidade resultante do Concílio. Foram organizados, durante o Congresso, reuniões com dirigentes de outras confissões cristãs no espírito do recém-promulgado decreto *Unitatis redintegratio* sobre o ecumenismo. Antecipando-se ao que seria posteriormente aprovado sobre as relações da Igreja Católica com as religiões não cristãs, houve encontro com personalidades dessas religiões, algumas delas com origem ou lançando raízes muito antigas na história e na cultura da Índia.

No espírito do recém-promulgado decreto *Orientalium Ecclesiarum*, sobre as igrejas orientais em comunhão com Roma, o Papa presidiu uma celebração eucarística no rito siro-malancar, que, junta-

---

[30] Os CEI realizados em Roma foram o 16º (1905), no pontificado de Pio X, e o 26º (1922), sob Pio XI. Mas convém lembrar que, em ambos os casos, o Papa ainda se considerava "prisioneiro do Vaticano", só estando presente em atos realizados no interior desse espaço, posteriormente elevado a Estado da Cidade do Vaticano.

[31] PAULO VI. *Discurso na solene inauguração da 2ª Sessão do Concílio Vaticano II*. Disponível em: https://www.vatican.va/content/paul-vi/la/speeches/1963/documents/hf_p-vi_spe_19630929_concilio-vaticano-ii.html. Acesso em: 14 set. 2021. Tradução própria.

mente com o siro-malabar, tem origem na primeira evangelização da Índia, segundo a tradição, realizada pelo apóstolo Tomé. É um rito que se caracteriza pela forte participação da assembleia, que recita ou canta cerca da terça parte do tempo da celebração.

Como primeiro CEI depois da conclusão do Concílio, o 39º realizou-se em Bogotá, Colômbia (1968), marcado por dois eventos: a primeira visita de um Papa ao "Novo Mundo" e a inauguração da Segunda Conferência Episcopal Latino-Americana em Medellín, para aplicar o Concílio às peculiaridades das Igrejas da América Latina e do Caribe.

Um elemento muito positivo foi a ampliação da temática da presença de Cristo, reconhecendo-a abertamente na pessoa dos pobres. Na lógica da *Sacrosanctum Concilium* n. 7 e de sua encíclica *Mysterium fidei*,[32] Paulo VI salientou em sua homilia da missa com os camponeses que eles eram "um sinal, uma imagem, um mistério da presença de Cristo. O sacramento da Eucaristia nos oferece sua presença escondida, viva e real; vós sois também um sacramento, isto é, uma imagem sagrada do Senhor no mundo, um reflexo que representa e não esconde seu rosto humano e divino", lembrando que Jesus proclamou "que todo ser humano sofredor, todo faminto, todo enfermo, todo desafortunado, todo necessitado de compaixão e de ajuda, é ele, como se ele mesmo fosse esse infeliz, segundo a misteriosa e potente sociologia (cf. Mt 25,35ss), segundo o humanismo de Cristo".[33]

A opção pelos pobres e a questão da justiça social foram dois temas cruciais do Congresso, como seriam também da Conferência

---

32 Cf. PAULO VI. *Encíclica Mysterium fidei*: sobre o culto da Sagrada Eucaristia. 03 set. 1965. Disponível em: http://www.vatican.va/content/paul-vi/pt/encyclicals/documents/hf_p-vi_enc_03091965_mysterium.html. Acesso em: 06 jan. 2021.

33 PAULO VI. *Homilia aos camponeses colombianos*. 23 ago. 1968. Disponível em: http://www.vatican.va/content/paul-vi/es/homilies/1968/documents/hf_p-vi_hom_19680823.html. Acesso em: 03 fev. 2020.

de Medellín. De certa maneira é preciso reconhecer que, a partir desse Congresso, a opção pelos pobres esteve sempre presente, de forma mais ou menos central, nos CEIs, como mostram os três seguintes celebrados em Melbourne (1973), Filadélfia (1976), Lourdes (1981). Neles foi tematizada, de diversos modos, a relação entre a Eucaristia e a fome no mundo, recordando que a Eucaristia exige de nós atenção aos pobres e necessitados.

Merece especial menção na evolução dos CEIs, em fidelidade ao Concílio, o 44º, celebrado em Seul, na Coreia (1989). Realizado pela Igreja coreana, que teve origem no protagonismo dos leigos, foi marcado por essa realidade. Talvez tenha sido também a razão de que, em vez de uma procissão triunfal, padres coreanos, depois da missa de abertura, subiram em ônibus e levaram o Santíssimo Sacramento para distribuir aos fiéis que não tinham ido ao local do Congresso, mas estavam reunidos nas diversas igrejas da cidade. Foi uma significativa revivescência de um costume da antiguidade romana: o *fermentum*. Partículas da celebração eucarística do Papa eram levadas pela cidade aos diversos grupos esparsos que celebravam a Eucaristia. O gesto do partir do pão adquire, assim, um novo significado: levar o sacramento a outros grupos celebrantes expressa a unidade e a identidade das muitas Eucaristias e, também, a comunhão da Igreja que celebra em um lugar com todas as demais comunidades que a celebram alhures. Esse gesto de grande profundidade teológica substituiu o "passeio processional" com o Santíssimo.

À maneira do Congresso de Munique, procurou-se evocar o tríduo pascal. Promoveram-se, na quinta-feira, nas diversas paróquias ou residências de peregrinos, ágapes fraternos com leituras bíblicas e oração, ao modo da *Haggadá* da Páscoa judaica. Não faltou nem sequer a tradicional pergunta de uma criança sobre o sentido daquela refeição, à qual o pai de família respondia evocando o mistério pascal de Cristo.

Sexta-feira, dia da paixão do Senhor, foi dedicada ao sacramento da Penitência, cuja eficácia de perdão – como a eficácia de todo sacramento – vem do mistério pascal de Cristo. O sábado, dia tradicional da iniciação cristã, foi centrado no Batismo. O Congresso terminou com a Eucaristia dominical, presidida pelo Papa, à maneira da *statio urbis* da Roma antiga.

Uma inovação muito feliz que parece ter vindo para ficar foi a elaboração de um texto-base de preparação teológica e espiritual para o 48º CEI (Guadalajara, México, 2004). Nele, afirmam-se – obviamente – quatro dimensões da Eucaristia: "sacrifício, memorial, banquete e presença".[34] Não obstante, no desenvolvimento do texto, desde o primeiro momento, não é a celebração, mas a presença real estática que aparece em primeiro plano,[35] embora sejam lembradas as muitas formas da presença de Cristo.

A ideia de um documento preparatório parece ter vingado. Para o Congresso seguinte, o 49º, convocado para Québec (2008), o texto foi traduzido e publicado em diversas línguas.[36] Aborda o tema do Congresso, "Eucaristia, dom de Deus para a vida do mundo" em perspectiva trinitária, nupcial e missionária. Aproveitando o lema da cidade e província dc Québec: *Je me souviens* (Eu me recordo),[37] a

---

[34] L'EUCARISTIA, luce e vita del nuovo millenio: testo base per la preparazione de 48º Congresso Eucaristico Internazionale (Guadalajara, Messico, 2004). Ponteranica (Bergamo): Edizioni Centro Eucaristico, s/d, n. 2, p. 5.

[35] Cf. ibid., n. 10, p. 9.

[36] Cf. A EUCARISTIA: dom de Deus para a vida do mundo. Documento Teológico de Base para o Congresso Eucarístico Internacional de Quebéc – Canadá, 2008. São Paulo: Paulus, 2007.

[37] A respeito do sentido dessa divisa e sua origem, cf. o artigo do historiador DESCHÊNES, Gaston. La devise québécoise "Je me souviens". *Encyclopédie du Patrimoine Culturel de l'Amérique Française.* Disponível em: http://www.ameriquefrancaise.org/fr/article-518/La_devise_québécoise_"Je_me_souviens".html#.XoNRB2HPzIV. Acesso em: 31 mar. 2020.

Eucaristia, desde a introdução do texto, é apresentada como memorial do mistério pascal de Cristo: "A Eucaristia recorda a Páscoa do Senhor, é o seu 'memorial' no sentido bíblico do termo, que significa não somente *recordação* mas *presença* do acontecimento salvífico".[38]

O tema do Congresso favoreceu que se tivesse muito presente a dimensão missionária da Igreja, que tinha caracterizado outrora muito fortemente a Igreja do Canadá francês. Para salientar essa perspectiva, cada dia do Congresso foi dedicado a um continente: América do Norte, Europa, América do Sul, Ásia, Oceania, África. Procuraram-se salientar sinais da vitalidade da Eucaristia nos cinco continentes. Mas, caracteristicamente, "foi dada ênfase particular ao culto eucarístico fora da missa, que foi considerado muitas vezes como único indicador da vitalidade eucarística das diversas Igrejas";[39] um sinal claro de que a *Sacrosanctum Concilium* não tinha sido suficientemente assimilada pelos encarregados da formação do povo de Deus.

Esse mesmo problema de temer que a primazia da celebração eclipsasse a fé na presença real pôde ser observado na programação do 50º CEI, realizado em Dublin (Irlanda), em 2012. No texto-base, o tema do Congresso ("A Eucaristia, comunhão com Cristo e entre nós") desenvolveu sua reflexão teológica seguindo as partes da missa. Seria de esperar que a programação do Congresso acentuaria mais a celebração do que os momentos de adoração ao Santíssimo. Na prática não foi bem assim. Talvez por influência de Bento XVI, que considerava uma tarefa permanente de todos os Congressos "preservar as formas tradicionais do culto eucarístico, mas renovando-as e encorajando-as no espírito da determinação conciliar, que recomenda que a celebração eucarística seja de fato o centro e o ápice de todas

38 A EUCARISTIA, op. cit., p. 7.

39 PCCEI. 51 Congressi. In: BOCCARDI, Vittore. *49º Québec*, 2008. Disponível em: http://www.congressieucaristici.va/content/congressieucaristici/it/storia/50-congressi-eucaristici-internazionali/quebec-2008.html. Acesso em: 31 mar. 2020.

as várias manifestações e formas de piedade".[40] O problema é saber estabelecer esse equilíbrio.

Já se tornou quase obrigatório que os documentos-base dos CEIs desenvolvam a reflexão sobre o tema, seguindo parte por parte a estrutura da missa. É um avanço, pois chama a atenção para a Eucaristia enquanto celebração. Para o Congresso de Cebu, nas Filipinas (2016), a preparação das oferendas é ocasião de chamar a atenção à necessária ajuda aos pobres,[41] tema que já encontramos na narrativa que Justino de Roma faz da celebração eucarística em sua *Apologia*.[42]

Também o texto-base do recém-concluído CEI de Budapeste (2021) é exemplar em seu intento de descrever e iluminar teologicamente a celebração eucarística em sua estrutura, e em falar de modo muito adequado do culto eucarístico fora da missa. Recorda que a finalidade primeira da reserva eucarística é a comunhão a ser levada para os ausentes e, especialmente, para os enfermos em forma de viático. A presença de Cristo no pão e no vinho eucaristizados e a consequente adoração ao Santíssimo são secundárias em relação à refeição.

Voltando ao Congresso de Cebu, convém recordar a atenção aos pobres. Iniciando o Congresso, na própria missa de abertura, o Legado Pontifício, Cardeal Charles Maung Bo, arcebispo de Yangon, Myanmar, proclamou enfaticamente, na linha do Papa Francisco:

---

40 PCCEI. 51 Congressi. In: BOCCARDI, Vittore. *50º Dublino*, 2012. Disponível em: http://www.congressieucaristici.va/content/congressieucaristici/it/storia/50-congressi-eucaristici-internazionali/dublino-2012.html. Acesso em: 02 abr. 2020.

41 Cf. COMISSÃO PONTIFÍCIA PARA OS CONGRESSOS EUCARÍSTICOS INTERNACIONAIS. *"Cristo entre vós, esperança da glória"*: a Eucaristia, fonte e cume da missão da Igreja – Reflexões teológicas e pastorais em preparação ao 51º Congresso Eucarístico Internacional de Cebu, Filipinas, 24-31 de janeiro de 2016. Disponível em: http://www.congressieucaristici.va/content/dam/congressieucaristici/CEBU2016/51stIECPORTOGH.pdf. Acesso em: 08 abr. 2020. Ver também o capítulo VII: Missão em diálogo com os pobres.

42 Cf. JUSTINO DE ROMA, Apologia em favor dos cristãos, I, 67,6-7: *SChr* 507, p. 310-311.

"Devemos declarar a verdadeira terceira guerra mundial: a guerra contra a pobreza".[43] E estabeleceu a diferença entre o "devoto" e o "discípulo": "Para um devoto, a missa acaba depois de uma hora, mas a missa de um discípulo é infinita, continua pelas estradas do mundo".[44] Dando exemplo, antes da missa inaugural o Cardeal Bo visitou pessoas em cárceres, asilos, periferias...

Uma inovação do Congresso de Cebu foi a elaboração de uma declaração final, que é como um compromisso solene dos participantes. Estabelecia prioridades pastorais jogando sugestivamente com a matéria da Eucaristia: Pão de esperança, Pão para os pobres, Pão para o diálogo (inter-religioso e intercultural), Pão para a missão.[45]

À guisa de conclusão

É natural que se queira atualizar sempre os eventos que periodicamente se sucedem na vida da Igreja. Certamente haverá novos elementos a assimilar à luz do pontificado de Francisco. Uma "Igreja em saída", "pastores com cheiro de ovelha", "sinodalidade", "Igreja hospital de campanha" e outras expressões lapidares com que Francisco conseguiu abrir novas perspectivas deveriam ser consideradas na organização dos próximos CEIs, o primeiro dos quais será entre nós, na América Latina: em Quito, Equador (2024). Talvez o Con-

---

43 BO, Cardeal Charles Maung. Omilia della Messa di apertura. In: PCCEI. *Il 51º Congresso Eucaristico Internazionale di Cebu*: "Cristo in voi, speranza della gloria" (Col. 1,27). 24-31 gennaio 2016. La celebrazione del Congresso in estremo Oriente. Disponível em: http://www.congressieucaristici.va/content/congressieucaristici/it/cebu-2016/Il-51-Congresso.html. Acesso em: 03 abr. 2020.

44 Ibid.

45 Cf. PCCEI. *Il 51º Congresso Eucaristico Internazionale di Cebu*: "Cristo in voi, speranza della gloria" (Col. 1,27). 24-31 gennaio 2016. Dichiarazione finale. Disponível em: http://www.congressieucaristici.va/content/dam/congressieucaristici/CEBU2016/STATEMENT.it.pdf. Acesso em: 03 abr. 2020.

gresso de Budapeste, que acaba de realizar-se, e a subsequente visita do Papa à Eslováquia deem algumas pistas, por exemplo: a presença do Papa somente para a celebração eucarística de encerramento, de forma que sua visita não absorva para si as atenções naturais; a celebração da Eucaristia presidida pelo Papa, como ato final do Congresso, acentuando o caráter de *statio orbis* desse convênio; a procissão no decorrer da semana do Congresso, e não como ato final, que tende, assim, a configurar-se como ponto culminante do evento; o aprofundamento da estrutura da celebração eucarística, como vem acontecendo na elaboração dos textos-base, de forma que o povo cristão tome consciência de que a Eucaristia não se reduz à chamada "consagração"; a valorização da diversidade cultural do país onde se realiza o Congresso; pôr no centro da atenção as chamadas "minorias" que muitas vezes são maiorias, mas, de qualquer forma, periferias. E assim por diante.

Por fim, seria sumamente importante que a catequese dos participantes inculcasse o sentido da celebração eucarística. Como dizemos no Brasil ao iniciar a celebração: "Bendito seja Deus que nos reuniu no amor de Cristo". Não estamos reunidos na Eucaristia por nossa iniciativa, mas porque fomos convocados (é o sentido da palavra grega *ekklesía*) para, no Espírito Santo, unir-nos a Cristo em seu mistério pascal e por ele, com ele e nele, adorarmos o Pai. A adoração própria à Eucaristia é devida ao Pai, por Cristo, no Espírito. Assim era vivida a celebração da *statio urbis* na Roma antiga; que assim seja vivenciada a Eucaristia na *statio orbis* (*nationis, diœcesis...*) da atualidade.

Referências bibliográficas

ALLA, Henrique. *Os Congressos Eucarísticos Internacionais*. Rio de Janeiro: Livraria Agir, 1955.

BASURKO, Xabier; GOENAGA, José Antonio. A vida litúrgico-sacramental da Igreja em sua evolução histórica. In: BOROBIO, Dionisio (ed.). *A celebração na Igreja*: I. Liturgia e sacramentologia fundamental. São Paulo: Loyola, 1990.

BO, Cardeal Charles Maung. Omilia della Messa di apertura. In: PCCEI. *Il 51º Congresso Eucaristico Internazionale di Cebu*: "Cristo in voi, speranza della gloria" (Col. 1,27). 24-31 gennaio 2016. La celebrazione del Congresso in estremo Oriente. Disponível em: http://www.congressieucaristici.va/content/congressieucaristici/it/cebu-2016/Il-51-Congresso.html. Acesso em: 03 abr. 2020.

BOTTE, Bernard. *O Movimento Litúrgico*: testemunho e recordações. São Paulo: Paulinas, 1978.

BUGNINI, Annibale. *A Reforma Litúrgica (1948-1975)*. São Paulo: Paulinas/Paulus/Loyola, 2018.

COMISSÃO PONTIFÍCIA PARA OS CONGRESSOS EUCARÍSTICOS INTERNACIONAIS. *"Cristo entre vós, esperança da glória"*. A Eucaristia: fonte e cume da missão da Igreja. Reflexões teológicas e pastorais em preparação ao 51º Congresso Eucarístico Internacional de Cebu, Filipinas, 24-31 de janeiro de 2016. Disponível em: http://www.congressieucaristici.va/content/dam/congressieucaristici/CEBU2016/51stIECPORTOGH.pdf (acesso 8 abr. 2020).

DESCHÊNES, Gaston. La devise québécoise "Je me souviens". *Encyclopédie du Patrimoine Culturel de l'Amérique Française*. Disponível em: http://www.ameriquefrancaise.org/fr/article-518/La_devise_québécoise_"Je_me_souviens".html#.XoNRB2HPzIV. Acesso em: 31 mar. 2020.

EGENTER, Richard et al. (Hg.). *Statio Orbis*: Eucharistischer Weltkongress 1960 in München. 2 volumes. 2e Aufl. München: Kösel-Verlag, 1962.

ENOUT, João Evangelista. A Constituição Litúrgica do Vaticano II: culminância do Movimento de Renovação Litúrgica. In: BARAÚNA, Guilherme (org.). *A Sagrada Liturgia renovada pelo Concílio*. Petrópolis: Vozes, 1964.

GIRAUDO, Cesare. *Num só corpo*: tratado mistagógico sobre a eucaristia. 2. ed. São Paulo: Loyola, 2014.

GRILLO, Andrea. *La forma rituale della fede cristiana*: teologia della liturgia e dei sacramenti agli inizi del XXI secolo. Trapani: Il Pozzo di Giacobbe, 2011.

JUNGMANN, Josef Andreas. Die Eucharistischen Weltkongresse in einem alten Vorbild. In: JUNGMANN, Josef Andreas. *Gewordene Liturgie*: Studien und Durchblicke. Innsbruck, Leipzig: Verlag Felizian Rauch, 1941.

JUNGMANN, Josef Andreas. Statio orbis Catholici – heute und morgen. In: EGENTER, Richard et al. (Hg.). *Statio Orbis*: Eucharistischer Weltkongress 1960 in München. 2 volumes. 2e Aufl. München: Kösel-Verlag, 1962.

JUSTINO DE ROMA. *Apologia em favor dos cristãos*, I, 65,5 e 67,5. In: *I e II Apologias*: diálogo com Trifão. São Paulo: Paulus, 1995 (JUSTIN. *Apologie pour les chrétiens*. Introduction, texto critique, traduction et notes Charles Munier. *Sources Chrétiennes*, 507. Paris: Cerf, 2006).

KLAUSER, Theodor. Gottesgebärerin (*Theotókos*). *Reallexikon für Antike und Christentum*. Stuttgart: Anton Hiersemann. Bd. XI (1981), p. 1.071-1.103.

LAFONT, Ghislain. *Structures et méthode dans la "Somme théologique" de saint Thomas d'Aquin*. 2. ed. Paris: Cerf, 1996.

MISSALE ROMANUM ex Decreto SS. *Concilii Tridentini restitutum Summorum Pontificum cura recognitum*. Editio typica. Città del Vaticano: Typis Vaticanis, 1962.

MOHRMANN, Christine. Statio. In: *Vigiliae Christianae*, v. 7, n. 4, p. 221-245. Oct. 1953.

OURY, Guy-Marie; ANDRY, Bernard. *Les Congrès Eucharistiques*: Lille 1881 – Lourdes 1981. Sable-sur-Sarthe: Abbaye Saint-Pierre de Solesmes, 1980.

PAULO VI. *Constituição Conciliar Sacrosanctum Concilium*: sobre a Sagrada Liturgia, n. 7. Disponível em: https://www.vatican.va/archive/hist_councils/ii_vatican_council/documents/vat-ii_const_19631204_sacrosanctum-concilium_po.html. Acesso em: 06 jan. 2021.

PAULO VI. *Encíclica Mysterium fidei*: sobre o culto da Sagrada Eucaristia. 03 set. 1965. Disponível em: http://www.vatican.va/content/paul-vi/pt/encyclicals/documents/hf_p-vi_enc_03091965_mysterium.html. Acesso em: 06 jan. 2021.

PCCEI. *Il 51º Congresso Eucaristico Internazionale di Cebu*. "Cristo in voi, speranza della gloria" (Col. 1,27). 24-31 gennaio 2016. Dichiarazione finale. Disponível em: http://www.congressieucaristici.va/content/dam/congressieucaristici/CEBU2016/STATEMENT.it.pdf. Acesso em: 03 abr. 2020.

PCCEI. 51 Congressi. In: BOCCARDI, Vittore. *50º Dublino*, 2012. Disponível em: http://www.congressieucaristici.va/content/congressieucaristici/it/storia/50-congressi-eucaristici-internazionali/dublino-2012.html. Acesso em: 02 abr. 2020.

PCCEI. 51 Congressi. In: BOCCARDI, Vittore. *49º Québec*, 2008. Disponível em: http://www.congressieucaristici.va/content/congressieucaristici/it/storia/50-congressi-eucaristici-internazionali/quebec-2008.html. Acesso em: 31 mar. 2020.

PIO X. *Motu próprio Tra le sollecitudini*: sobre a música sacra. 22 nov. 1903. Disponível em: https://www.vatican.va/content/pius-x/la/motu_proprio/documents/hf_p-x_motu-proprio_19031122_sollecitudini.html. Acesso em: 10 set. 2021.

PONTIFICIO COMITATO PER I CONGRESSI EUCARISTICI INTERNAZIONALI. *Gerusalemme 183*. Disponível em: http://www.congressieucaristici.va/content/congressieucaristici/it/storia.html. Acesso em: 10 set. 2021.

ROUSSEAU, Olivier. *Histoire du Mouvement Liturgique*. Paris: Cerf, 1945.

SCHNEIDER, Bernhard. Marienerscheinungen im 19. Jahrhundert. Ein Phänomen und seine Charakteristika. In: WOLF, Hubert (Hg.). *"Wahre" und "falsche" Heiligkeit*: Mystik, Macht und Geschlechterrollen im Katholizismus des 19. Jahrhunderts, Oldenburg: De Gruyter, 2013. Disponível em: https://www.degruyter.com/document/doi/10.1515/9783110446807-010/html. Acesso em: 10 set. 2021.

TABORDA, Francisco. *Statio orbis*: os Congressos Eucarísticos Internacionais – Panorâmica histórica e reflexão litúrgico-teológica. *Revista Eclesiástica Brasileira*. (Em preparação).

TOMÁS DE AQUINO. *Suma Teológica*. São Paulo: Loyola, 2006. v. 9: Os sacramentos.

ZILLES, Urbano. *Didaqué*: catecismo dos primeiros cristãos. 7. ed. Petrópolis: Vozes, 2004.

Sobre os autores

Prof. Andrea Grillo

É filósofo e teólogo italiano, leigo, especialista em liturgia e pastoral. Doutor em Teologia pelo Instituto de Liturgia Pastoral de Pádua, é professor do Pontifício Ateneu Santo Anselmo, de Roma, do Instituto Teológico Marchigiano, de Ancona, e do Instituto de Liturgia Pastoral da Abadia de Santa Giustina, de Pádua. Também é membro da Associação Teológica Italiana e da Associação dos Professores de Liturgia da Itália.

Pe. Danilo César dos Santos Lima

É presbítero da Arquidiocese de Belo Horizonte, doutorando em Liturgia pela Faculdade Jesuíta de Filosofia e de Teologia (FAJE) e professor na PUC-MG e no ISTA – Instituto Santo Tomás de Aquino. É também membro da Comissão Arquidiocesana de Liturgia da Arquidiocese de Belo Horizonte e da Comissão de Reflexão Litúrgica da CNBB.

Frei Joaquim Fonseca, OFM

É presbítero da Ordem dos Frades Menores (Franciscanos). Bacharel em Música pela Universidade Federal do Rio de Janeiro e mestre em Teologia Dogmática com concentração em Liturgia. Foi assessor nacional da CNBB para a música litúrgica. Além de professor de Liturgia e de música ritual cristã, assessora encontros de formação litúrgico-musical em todo o país.

Pe. Damásio Raimundo Santos de Medeiros

É bacharel em Teologia pela Università Pontificia Salesiana (1986), licenciado em Filosofia pela Faculdade Salesiana de Filosofia, Ciências e Letras de Lorena (1981), mestre em Sagrada Liturgia pelo Pontificio Istituto Liturgico (1989) e doutor em Sagrada Liturgia pelo Pontificio Istituto Liturgico (2000). Já foi presidente da Conferência das Inspetorias dos Salesianos de Dom Bosco do Brasil – CISBRASIL (2005-2009), superior dos Salesianos na Amazônia – Inspetoria Salesiana Missionária da Amazônia (2004-2009) e professor na Università Pontificia Salesiana e Pontifício Ateneu Santo Anselmo, de Roma. Atualmente é professor no Instituto Teológico Pio XI, do Centro Universitário Salesiano de São Paulo.

Pe. Washington da Silva Paranhos, SJ

Jesuíta, doutor em teologia pela Universidade Pontifícia Salesiana de Roma; professor da Faculdade Jesuíta de Filosofia e Teologia (FAJE); membro do Grupo de Pesquisa: "A Recepção da Reforma Litúrgica e o Debate Litúrgico-Sacramental Contemporâneo" e da ASLI (Associação dos Liturgistas do Brasil). Membro da Jungmann Society - Associação Internacional de Jesuítas Liturgistas.

Índice onomástico

Paulinas

Rua Dona Inácia Uchoa, 62
04110-020 – São Paulo – SP (Brasil)
Tel.: (11) 2125-3500
http://www.paulinas.com.br – editora@paulinas.com.br
Telemarketing e SAC: 0800-7010081